Insel der blauen Delphine

Scott O'Dell wurde 1902 in Los Angeles geboren. Er schrieb Romane und eine Geschichte Kaliforniens. ›Insel der blauen Delphine‹ war sein erstes Jugendbuch und wurde 1963 mit dem Deutschen Jugendliteraturpreis und der Newbery Medal ausgezeichnet. 1972 erhielt Scott O'Dell den Hans-Christian-Andersen-Preis für sein Gesamtwerk. Der Autor starb 1989.

Weitere Titel von Scott O'Dell bei <u>dtv</u> junior: siehe Seite 4

Scott O'Dell

Insel
der blauen Delphine

Roman

Deutsch von Roswitha Plancherel-Walter

Deutscher Taschenbuch Verlag

Dieses Buch erschien 1975 in der 8. Auflage
als bt-Jugend-Taschenbuch im Benziger Verlag,
Zürich/Köln.

Zu diesem Band gibt es ein Unterrichtsmodell,
enthalten in LESEN IN DER SCHULE (Sekundarstufen),
unter der Bestellnummer 8102 durch den Buchhandel
oder den Verlag zu beziehen
und zum kostenlosen Download unter
www.dtv.de/lehrer.

Von Scott O'Dell ist außerdem bei dtv junior lieferbar:
Das verlassene Boot am Strand, dtv junior 7436

Ungekürzte Ausgabe
In neuer Rechtschreibung
41. Auflage Februar 2009
1977 Deutscher Taschenbuch Verlag GmbH & Co. KG,
München
www.dtvjunior.de
© Patmos Verlag GmbH & Co. KG, Düsseldorf
Umschlagkonzept: Balk & Brumshagen
Umschlagbild: Dieter Wiesmüller
Gesamtherstellung: CPI – Ebner & Spiegel, Ulm
Printed in Germany · ISBN 978-3-423-07257-1

I

Ich erinnere mich lebhaft an den Tag, an dem das
Alëuterschiff kam. Erst sah es aus wie eine kleine
Muschel, die auf dem Meer dahintreibt. Dann begann sie zu wachsen und wurde zu einer Möwe mit
gefalteten Flügeln. Zuletzt, als die Sonne aufging, erkannte ich, was es wirklich war – ein Schiff mit roten
Segeln! Mein Bruder und ich waren auf einen Hügel
gestiegen; unter uns lag eine Schlucht, die sich bis zu
einem kleinen Hafen hinunterschlängelt. Dort liegt
die Korallenbucht. Mein Bruder und ich wollten auf
der Anhöhe nach Wurzeln graben. Im Frühjahr findet man dort immer welche. Mein Bruder war noch
klein, halb so alt wie ich, und ich zählte damals zwölf
Jahre. Gemessen an den vielen Sonnen und Mon-
den, die er gesehen hatte, war Ramo klein, doch flink
wie eine Grille, aber auch ebenso töricht, wenn er in
Aufregung geriet. Darum sagte ich ihm nichts von
der Muschel und der Möwe mit den gefalteten Flügeln, die ich entdeckt hatte, denn er sollte mir beim
Wurzelsammeln helfen und nicht davonlaufen. Ich
stocherte weiter mit meinem spitzen Stock, als wäre
auf dem Meer nicht das Geringste zu sehen.

Selbst als ich sicher wusste, dass die Möwe ein

großes fremdes Schiff war, grub ich weiter im Gestrüpp.

Doch Ramos Augen entgingen wenige Dinge auf dieser Welt. Sie waren schwarz und groß wie die Augen einer Eidechse und sie konnten genauso schläfrig blicken; aber gerade dann nahmen sie alles am besten wahr. Die Augen halb geschlossen, schaute er jetzt blinzelnd aufs Meer hinaus wie eine Eidechse, bevor sie die Zunge herausschnellt um nach einer Fliege zu schnappen.

»Das Meer ist glatt«, sagte Ramo, »wie ein flacher Stein, der keinen einzigen Kratzer hat.«

Mein Bruder redete gerne so, als wäre etwas nicht das, was es war, sondern etwas anderes.

»Das Meer ist kein Stein, der keinen Kratzer hat«, sagte ich. »Es ist Wasser, das keine Wellen schlägt.«

»Für mich ist es ein blauer Stein«, sagte er. »Und ganz außen am Rand des Steins sitzt eine kleine Wolke.«

»Wolken sitzen nicht auf Steinen. Nicht auf blauen und nicht auf schwarzen und nicht auf irgendwelchen Steinen.«

»Dort sitzt aber eine.«

»Nicht auf dem Meer«, antwortete ich. »Dort gibt es Delphine, Möwen, Kormorane und Seeotter, auch Walfische, aber keine Wolken.«

»Vielleicht ist es ein Walfisch.«

Ramo trat von einem Fuß auf den anderen, während er zuschaute, wie das Schiff näher kam. Er wusste nicht, dass es ein Schiff war, denn er hatte noch nie eines gesehen. Auch ich hatte noch nie eines gesehen, aber ich wusste, wie Schiffe aussahen, weil mein Vater sie mir beschrieben hatte.

»Schau du nur ruhig aufs Meer hinaus«, sagte ich, »ich grabe inzwischen nach Wurzeln. Und ich werde sie aufessen und du bekommst nichts davon.«

Ramo begann mit seinem Stock auf den Boden zu schlagen, doch obgleich er die ganze Zeit so tat, als schaute er nicht hin, ließ er das Schiff nicht aus den Augen. Es kam immer näher und seine Segel schimmerten rot durch den Morgendunst.

»Hast du schon einmal einen roten Walfisch gesehen?«, fragte er.

»Ja«, sagte ich, aber das war gelogen.

»Die Walfische, die ich gesehen habe, sind grau.«

»Du bist sehr jung und hast noch längst nicht alles, was im Meer schwimmt, gesehen.«

Ramo hob eine Wurzel vom Boden auf und wollte sie eben in den Korb fallen lassen, als er plötzlich den Mund weit aufriss und dann langsam wieder schloss.

»Ein Kanu!«, schrie er. »Ein Riesenkanu, größer als alle unsere Kanus zusammen. Und rot!«

Ob Kanu oder Schiff, für Ramo gab's da keine Unterschiede. Im nächsten Augenblick hatte er die Wurzel in die Luft geschleudert und war verschwunden. Lärmend und rufend bahnte er sich einen Weg durchs Gestrüpp. Ich stocherte weiter, doch meine Hände zitterten, denn ich war noch aufgeregter als mein Bruder. Ich wusste, dass das dort unten kein großes Kanu, sondern ein Schiff war, und ein Schiff konnte vieles bedeuten. Am liebsten hätte ich den Stock weggeworfen um hinter meinem Bruder her ins Dorf zu laufen; stattdessen arbeitete ich weiter, weil wir zum Essen nun einmal Wurzeln brauchten.

In der Zeit, da ich den Korb füllte, hatte das Aleüterschiff die breite Salzkrautbank vor unserer Insel umsegelt und war zwischen den beiden Felsen, welche die Korallenbucht abschließen, in den Hafen eingelaufen. Die Kunde von seinem Erscheinen war schon bis ins Dorf Ghalas-at gedrungen. Unsere Männer liefen mit ihren Waffen den gewundenen Pfad zur Küste hinunter, während sich die Frauen am Rande der Mesa zusammenscharten.

Ich arbeitete mich durch das Dickicht und stolperte dann die steile Schlucht hinab, bis ich die Klippen erreichte. Dort ließ ich mich auf Hände und Knie fallen. Unter mir lag die Bucht. Es war Ebbe und die Sonne glänzte auf dem weißen Küstensand. Etwa die Hälfte der Männer unseres Stammes hatte sich am Rande des Wassers versammelt; die Übrigen hielten sich zwischen den Felsbrocken am Fuße des Pfades verborgen, bereit über die Eindringlinge herzufallen, wenn sich deren Absichten als unfreundlich erweisen sollten.

Wie ich da in den Toyonbüschen kauerte, eben noch weit genug vom Klippenrand entfernt um nicht hinunterzufallen und doch so nahe, dass ich alles, was unter mir vorging, sehen und hören konnte, stieß ein Boot vom Schiff ab. Sechs Männer mit langen Rudern trieben es voran. Ihre Gesichter waren breit und glänzendes schwarzes Haar fiel ihnen in die Stirn. Als sie näher kamen, sah ich, dass sie Knochenspieße durch ihre Nasen gesteckt hatten.

Zuhinterst im Boot stand ein großer Mann mit einem gelben Bart. Ich hatte noch nie einen Russen gesehen, aber mein Vater hatte mir von den Russen erzählt, und als ich sah, wie der Mann im Boot dastand, die Füße gespreizt, die Fäuste in die Hüften gestützt, den Blick auf den kleinen Hafen gerichtet, als hätte er bereits davon Besitz ergriffen, fragte ich mich, ob er wohl einer jener Männer aus dem Norden war, die unser Volk fürchtete. Ich zweifelte nicht mehr daran, als das Boot an Land kam und der Mann rufend heraussprang.

Seine Stimme hallte von den felsigen Wänden der Bucht wider. Es waren seltsame Worte, wie ich sie nie zuvor gehört hatte. Dann sagte er langsam etwas in unserer Sprache.

»Ich komme im Frieden und will mit euch verhandeln«, sagte er zu den Männern an der Küste.

Keiner antwortete, doch dann trat zwischen den Felsblöcken mein Vater hervor. Er schritt den Abhang hinunter und warf seinen Speer in den Sand.

»Ich bin der Häuptling von Ghalas-at«, sagte er. »Ich bin der Häuptling Chowig.«

Dass er einem Fremden seinen richtigen Namen nannte, überraschte mich. Jeder Angehörige unseres Stammes hatte zwei Namen, den richtigen, der geheim war und selten benutzt wurde, und einen gewöhnlichen. Wenn der geheime Name ständig gebraucht wird, nutzt er sich ab und verliert seine Zauberkraft. Mich nannte man Won-a-pa-lei, »das Mädchen mit dem langen schwarzen Haar«, aber mein geheimer Name ist Karana. Der geheime Name meines Vaters war Chowig. Ich weiß nicht, warum er ihn einem Fremden verriet.

Der Russe lächelte, hob die Hand und sagte, er sei Kapitän Orloff. Auch mein Vater hob die Hand, doch obgleich ich sein Gesicht nicht sehen konnte, war ich sicher, dass er nicht lächelte.

»Ich bin mit vierzig Leuten gekommen«, sagte der Russe. »Wir sind gekommen um Seeotter zu jagen. Wir möchten uns auf eurer Insel niederlassen, solange die Jagd dauert.«

Mein Vater antwortete nicht. Er war groß, wenn auch nicht ganz so groß wie Kapitän Orloff, und er reckte die bloßen Schultern, während er über die Worte des Russen nachdachte. Er ließ sich Zeit. Einmal schon waren die Aleuter gekommen um Seeotter zu jagen. Das war lange her, doch mein Vater konnte sich noch immer daran erinnern.

»Du denkst an jene anderen Jäger zurück«, sagte Kapitän Orloff, als mein Vater beharrlich schwieg. »Ich habe von der Geschichte gehört. Es geschah unter Kapitän Mitriff. Mitriff war ein Narr und jetzt ist er tot. Aber du und dein Stamm, ihr habt alle Otter allein gejagt und deshalb nahm die Jagd kein gutes Ende.«

»Wir jagten«, antwortete mein Vater, »aber der, den

du einen Narren nennst, hat es so gewollt. Er hieß uns von einem Mond bis zum anderen jagen, ohne Pause.«

»Wir werden euch nichts tun heißen«, sagte Kapitän Orloff. »Meine Leute werden jagen und wir werden uns die Beute teilen. Ein Drittel für euch, zahlbar in Waren, zwei Drittel für uns.«

»Die Anteile müssen gleich groß sein«, sagte mein Vater.

Kapitän Orloff starrte aufs Meer hinaus. »Darüber können wir später reden, wenn meine Vorräte an Land geschafft sind«, erwiderte er.

Der Morgen war klar und die Winde wehten sanft, aber in dieser Zeit des Jahres musste man stets auf Stürme gefasst sein. Ich wusste, weshalb der Russe auf unserer Insel landen wollte.

»Es ist besser, wir werden uns jetzt schon einig«, erklärte mein Vater.

Kapitän Orloff entfernte sich mit zwei langen Schritten, dann drehte er sich um und schaute meinen Vater an.

»Ein Drittel für euch ist ein anständiges Angebot, da wir doch die Arbeit und die Gefahr auf uns nehmen.« Mein Vater schüttelte den Kopf.

Der Russe griff sich in den Bart. »Das Meer ist nicht euer Eigentum. Ich weiß nicht, warum ich euch überhaupt beteiligen soll.«

»Das Meer, das die Insel der blauen Delphine umgibt, gehört uns«, antwortete mein Vater.

Er sprach leise, wie immer, wenn er zornig war.

»Du meinst von hier bis zur Küste von Santa Barbara – die ganzen zwanzig Seemeilen?«

»Nein, nur das Wasser, das an die Insel stößt und wo die Otter leben.«

Kapitän Orloff räusperte sich. Er schaute die Männer an, die am Strand standen, und dann die anderen, die jetzt zwischen den Felsblöcken hervorkamen. Er schaute meinen Vater an und zuckte die Achseln. Mit einem Male lächelte er, wobei er seine langen Zähne zeigte.

»Die Anteile sollen gleich groß sein«, sagte er.

Er sagte noch mehr, doch ich hörte es nicht, denn in meiner Aufregung stieß ich an einen losen Stein, der klirrend hinunterfiel und zu Füßen des Fremden aufschlug. Alle Leute am Strand blickten auf. Ich kroch leise durch die Toyonbüsche davon. Auf halbem Weg begann ich zu laufen und ich lief ohne ein einziges Mal Atem zu schöpfen, bis ich auf der Mesa ankam.

2

An jenem Morgen begannen Kapitän Orloff und seine Aleuterjäger sich auf der Insel häuslich einzurichten. Ihre Kanus pendelten stundenlang zwischen dem Schiff und der Korallenbucht hin und her. Da der Strand klein war und bei Flut fast ganz unter Wasser stand, fragte der Russe, ob er seine Zelte weiter oben aufschlagen dürfe. Mein Vater erlaubte es ihm.

Es ist jetzt wohl an der Zeit, dass ich euch von unserer Insel erzähle, damit ihr wisst, wie sie aussieht, wo unser Dorf stand und wo die Aleuter mehr als einen halben Sommer lang hausten.

Unsere Insel ist zwei Seemeilen lang und eine Meile breit. Stand man auf einem der Hügel, die sich in ihrer Mitte erheben, dann musste man an einen Fisch denken. Sie sah aus wie ein Delphin, der auf der Seite liegt. Der Schwanz des Delphins zeigte nach der aufgehenden Sonne, seine Nase nach der untergehenden Sonne und seine Flossen waren die Riffe und zackigen Felsen längs der Küste. Ob in den Tagen, da die Erde noch neu war, wirklich ein Mensch auf einem dieser Hügel stand und sah, dass die Insel die Gestalt eines Delphins hatte, und ob er ihr deshalb ihren Namen gab, weiß ich nicht. In unseren Gewässern leben viele Delphine und auch das könnte der Grund sein, weshalb die Insel so heißt.

Ich glaube, das Erste, was ihr auf unserer Insel bemerken würdet, wäre der Wind. Er weht hier fast immer. Manchmal kommt er aus Nordwest, manchmal aus Ost, hie und da auch aus dem Süden. Sanft ist nur der Südwind; alle anderen Winde fegen heftig über die Insel. Deshalb sind die Hügel so blank gescheuert und die Bäume so klein und krumm, sogar in der Schlucht, die zur Korallenbucht hinunterführt.

Das Dorf Ghalas-at liegt an der Ostseite der Hügel, auf einer kleinen Ebene gleich oberhalb der Korallenbucht und in der Nähe einer Quelle. Etwa eine halbe Seemeile weiter nördlich sprudelt eine zweite Quelle und dort schlugen die Alëuter ihre Zelte auf. Diese waren aus Tierhäuten angefertigt und so niedrig, dass die Männer auf dem Bauch hineinkriechen mussten. Wenn es dunkelte, konnten wir den Schein ihrer Lagerfeuer sehen. Am ersten Abend warnte mein Vater alle Dorfbewohner von Ghalas-at davor, das Lager zu betreten.

»Die Alëuter kommen aus einem Land im fernen Norden«, sagte er. »Ihre Art ist nicht unsere Art, ihre Sprache nicht unsere Sprache. Sie sind gekommen um Otter zu jagen und sie werden uns den Anteil, der uns zusteht, mit Dingen bezahlen, die sie besitzen und die wir brauchen können. So werden wir einen Gewinn von ihnen haben. Wir werden aber keinen Gewinn von ihnen haben, wenn wir ihre Freundschaft suchen. Sie sind Menschen, die nicht wissen, was Freundschaft ist. Es sind nicht dieselben, die schon einmal hier waren, aber sie gehören dem gleichen Stamm an, der uns vor vielen Jahren großes Unheil brachte.«

Die warnenden Worte meines Vaters wurden beherzigt. Wir gingen nicht ins Lager der Alëuter und sie kamen nicht in unser Dorf. Es wäre jedoch ein Irrtum zu glauben, wir hätten nicht gewusst, was sie taten – was sie aßen und wie sie ihre Mahlzeiten zubereiteten und wie viele Otter sie jeden Tag erlegten und noch manches andere –, denn immer hielt jemand Wache und beobachtete sie. Wenn sie jagten, stand einer von uns auf den Klippen; wenn sie ins Lager zurückkehrten, bezogen die Späher ihren Posten in der Schlucht.

Mein Bruder Ramo wusste immer etwas Neues zu berichten.

»Am Morgen«, sagte er, »wenn Kapitän Orloff aus seinem Zelt kriecht, setzt er sich auf einen Stein und kämmt sich den Bart, bis er glänzt wie der Flügel eines Kormorans.«

Meine Schwester Ulape, die zwei Jahre älter war als ich, brachte die sonderbarste Neuigkeit nach Hause. Sie könne beschwören, sagte sie, dass die Jäger ein Aleutermädchen bei sich hätten.

»Sie hat ein Kleid aus Häuten an, genau wie die Männer«, sagte Ulape. »Aber sie trägt eine Pelzmütze und unter der Mütze hat sie eine Menge Haar. Es reicht ihr bis zum Gürtel.«

Keiner glaubte ihr. Alles lachte beim Gedanken, dass es Jägern einfallen könnte ihre Frauen mitzunehmen. Auch die Aleuter beobachteten unser Dorf; wie hätten sie sonst von dem Glück erfahren, das uns bald nach ihrer Ankunft beschieden wurde?

Mit diesem Glück verhielt es sich so:

Wenn es Frühling wird, ist mit dem Fischfang nicht viel auszurichten. Die Hochflut und die Winterwinde treiben die Fische ins tiefe Wasser, wo sie bleiben, bis das warme Wetter anhält. In dieser Zeit lassen sie sich nur mit Mühe fangen und im Dorf gibt es wenig zu essen. Die Bewohner leben zur Hauptsache von ihren Vorräten an Saatkörnern.

Die frohe Nachricht erreichte uns an einem stürmischen Nachmittag. Ulape, die nie müßig war, überbrachte sie uns. Sie war ans östliche Ende der Insel gegangen um Muscheln zu sammeln. Als sie auf dem Heimweg eine Klippe erklomm, hörte sie einen sonderbaren Lärm.

Erst wusste sie nicht, was dieses Geräusch bedeutete. Sie glaubte, es sei das Echo des Windes in einer Felsenhöhle, und sie wollte schon weiterklettern, als sie die silbernen Gestalten in der Tiefe erblickte. Die Gestalten bewegten sich und Ulape sah, dass es ein Rudel riesiger Bassbarsche war. Jeder Barsch mochte etwa so groß sein wie sie. Verfolgt von räuberischen Walen, hatten die Barsche in der Richtung der Küste zu entkommen versucht. In ihrer Todesangst aber hatten sie die Wassertiefe falsch eingeschätzt und waren an das felsige Uferband geschleudert worden.

Ulape ließ ihren Muschelkorb fallen und lief ins Dorf, wo sie so atemlos eintraf, dass sie nur noch mit der Hand auf die Küste deuten konnte. Die Frauen, die eben mit Kochen beschäftigt waren, kamen aus ihren Hütten, umringten meine Schwester und warteten, bis sie wieder genügend Atem fand um zu sprechen. »Weiße Barsche, ein ganzes Rudel«, stieß Ulape endlich hervor.

»Wo? Wo?«, fragten alle.

»Auf den Küstenfelsen. Mindestens ein Dutzend, vielleicht sogar mehr.«

Ehe Ulape zu Ende gesprochen hatte, liefen wir

schon auf die Klippen zu. Wir hofften inständig, dass wir nicht zu spät kommen würden, dass die Fische nicht ins Meer zurückgeschwemmt oder von einer Welle hinuntergespült worden wären.

Von der Klippe aus schauten wir hinab in die Bucht. Die weißen Barsche waren immer noch auf dem Felsenabsatz versammelt, sie glitzerten in der Sonne. Doch die Flut stand hoch und die größten Wellen leckten schon nach den Fischen.

Wir zerrten einen um den anderen Fisch von der Stelle, wo die Flut sie erreichen konnte. Dann schleppten wir sie auf die Klippe, wobei je zwei Frauen einen Fisch trugen, alle Fische waren ungefähr gleich groß und gleich schwer. Von dort brachten wir die Beute nach Hause.

An diesem und am folgenden Abend konnte sich jeder Angehörige unseres Stammes wieder einmal satt essen, doch am dritten Tag kamen zwei Aleuter ins Dorf und verlangten meinen Vater zu sprechen.

»Ihr habt Fische«, sagte der eine.

»Gerade genug für meine Leute«, antwortete mein Vater.

»Ihr habt vierzehn Fische«, sagte der Aleuter.

»Jetzt noch sieben, weil wir sieben gegessen haben.«

»Zwei von den sieben Fischen könnt ihr entbehren.«

»In eurem Lager sind vierzig Leute«, erwiderte mein Vater. »Bei uns sind es mehr. Und ihr habt eure eigenen Fische mitgebracht, getrocknete Fische für vierzig Leute.«

»Sie sind uns verleidet«, antwortete der Alëuter.

Er war ein Mann von kleiner Gestalt. Er reichte meinem Vater nur bis zur Schulter und er hatte kleine Augen wie schwarze Kiesel und einen Mund wie die Klinge eines Steinmessers. Der andere Alëuter sah ihm sehr ähnlich.

»Ihr seid Jäger«, sagte mein Vater. »Geht und fangt euren eigenen Fisch, wenn ihr doch das, was ihr jetzt esst, satt habt. Ich muss an meine Leute denken.«

»Kapitän Orloff wird erfahren, dass ihr euch weigert eure Fische mit uns zu teilen.«

»Ja, sagt es ihm«, gab mein Vater zurück. »Aber sagt ihm auch, warum wir uns weigern.«

Der Alëuter raunte seinem Gefährten etwas zu, dann stelzten beide auf ihren kurzen Beinen davon, quer durch die Sanddünen, die unser Dorf von ihrem Lager trennten.

Am Abend aßen wir alles auf, was von dem Rudel weißer Barsche übrig geblieben war, und es war ein großes Fest. Wie hätten wir wissen können, als wir da so fröhlich aßen und sangen, den Geschichten der alten Männer lauschten und uns des Glückes freuten, das uns so unvermutet in den Schoß gefallen war – wie hätten wir wissen können, dass dieses Glück bald so viel Leid über das Dorf Ghalas-at bringen würde?

3

Die breiten Salzkrautbänke umgeben unsere Insel von drei Seiten. Auf der einen Seite reichen sie bis nahe an die Küste heran, auf der anderen dehnen sie sich eine Meile weit ins Meer hinaus. In diesen tiefen Beeten jagten die Alëuter Tag für Tag, selbst wenn der Wind heftig blies. Sie ruderten im Morgengrauen hinaus und kehrten erst am späten Abend zurück, die erlegten Otter hinter sich nachschleppend.

Der Seeotter sieht, wenn er schwimmt, einem Seehund sehr ähnlich; in Wirklichkeit aber ist er ganz anders. Er hat eine kürzere Nase und kleine Füße mit Schwimmhäuten statt Flossen, sein Fell ist dicker und viel schöner. Der Otter liebt es auf dem Rücken in den Salzkrautpolstern zu liegen, sich von den Wellen schaukeln zu lassen und in der Sonne zu schlafen. Es gibt keine lustigeren Tiere im Meer als die Seeotter.

Die Alëuter jagten sie, weil sie es auf ihre Felle abgesehen hatten.

Von der Klippe aus sah ich zu, wie die Häutekanus über den Salzkrautbänken hin und her flitzten, wobei sie das Wasser kaum berührten, und wie die langen Speere flogen, als wären sie Pfeile. Nachts brachten die Jäger ihre Beute in die Korallenbucht. Dort wurden die Tiere gehäutet und ausgenommen. Diese Arbeit wurde von zwei Männern besorgt, die auch die Speere schärften. Sie arbeiteten im Schein der Seetangfeuer bis tief in die Nacht hinein. Am Morgen war der Strand von Skeletten übersät und die Wellen glänzten rot von Blut.

Es gab viele in unserem Dorf, die jede Nacht zur Klippe gingen um die getöteten Otter zu zählen. Sie zählten die toten Otter und dachten an die glitzernden Glasperlen und an die vielen anderen Dinge, die ihnen ein einziges Otterfell verschaffen konnte. Ich ging nie zur Bucht und jedes Mal, wenn ich die Jäger mit ihren langen Speeren über das Wasser stieben sah, wurde ich zornig, denn die Otter waren meine Freunde. Es machte mir Vergnügen ihnen beim Spielen zuzusehen. Es machte mir mehr Spaß als an eine Kette aus Glasperlen für meinen Hals zu denken.

Dies sagte ich eines Morgens meinem Vater.

»In den Bänken bei der Korallenbucht sind kaum ein Dutzend Seeotter übrig geblieben«, fügte ich hinzu. »Bevor die Alëuter kamen, waren es viele.«

Mein Vater lachte über meine Torheit. »Rings um die Insel gibt es noch viele andere Orte, wo eine Menge Seeotter leben«, antwortete er. »Sobald die Jäger fort sind, kommen sie zurück.«

»Ich glaube nicht, dass welche übrig bleiben«, sagte ich. »Die Jäger töten sie alle. Heute jagen sie im Süden, nächste Woche an einem anderen Ort.«

»Das Schiff ist mit Fellen beladen. In einer Woche werden die Alëuter aufbrechen.«

Ich wusste, dass mein Vater glaubte, was er sagte, denn zwei Tage zuvor hatte er einen unserer jungen Männer an den Strand geschickt mit dem Auftrag, aus einem Balken, den das Meer angeschwemmt hatte, ein Kanu zu schnitzen.

Außer den vom Wind verkrüppelten kleinen Bäumen gibt es auf der Insel kein brauchbares Holz. Wurde ein Baumstamm an die Küste geschwemmt, was selten genug vorkam, so brachten ihn die Männer gleich in Sicherheit, damit die Wellen ihn nicht fortspülen konnten. Sie trugen ihn ins Dorf, wo sie Pflöcke oder andere nützliche Dinge daraus schnitten. Dass sie diesmal nach der Bucht ausgeschickt wurden um den Balken dort auszuhöhlen, konnte nur eines bedeuten: Sie mussten die Aleuter überwachen und uns rechtzeitig warnen, falls Kapitän Orloff versuchen sollte heimlich davonzusegeln ohne unseren Anteil für die Otterfelle zu bezahlen.

Jedermann fürchtete, er könnte es versuchen, und deshalb hielten einige unserer Männer das Lager der Aleuter im Auge, während die anderen das Schiff in der Bucht beobachteten.

Stündlich brachte jemand eine Nachricht ins Dorf. Ulape berichtete, wie die Aleuterfrau einen ganzen Nachmittag lang ihre Fellschürzen reinigte, was sie bisher nie getan hatte. Eines Morgens kam auch Ramo und erzählte, er habe gesehen, wie Kapitän Orloff sich sorgfältig den Bart stutzte, so dass er aussehe wie am Tag seiner Ankunft auf der Insel. Die beiden Aleuter am Strand schärften keine Speere mehr; stattdessen häuteten sie die Seeotter, die am Abend hereingebracht wurden.

Im Dorf Ghalas-at wussten alle, dass Kapitän Orloff und seine Jäger sich anschickten die Insel zu verlassen. Jeder von uns fragte sich, ob er den Gegenwert für die getöteten Otter bezahlen oder ob er versuchen würde nachts fortzukommen. Würden unsere Männer am Ende um unseren Anteil kämpfen müssen? Dies fragte sich jeder, außer meinem Vater. Er sagte kein Wort, doch Nacht für Nacht arbeitete er an seinem neuen Speer.

4

Die Aleüter verließen die Insel an einem sonnenlosen Tag. Vom Norden her kamen mächtige Wellen angerollt. Sie brachen sich an den Felsen, rauschten dröhnend in die Höhlen und schleuderten weiße Gischtfetzen in die Luft. Kein Zweifel, ein Sturm war im Anzug. In der ersten Morgenstunde brachen die Aleüter ihre Zelte ab und trugen sie an den Strand.

Kapitän Orloff hatte meinem Vater für die Otter nichts bezahlt. Als wir hörten, die Jäger hätten ihre Zelte zusammengepackt, verließ daher unser ganzer Stamm das Dorf und eilte zur Korallenbucht. Vorn liefen die Männer mit ihren Waffen, hinter ihnen kamen die Frauen. Die Männer schlugen den Pfad zur Bucht ein, die Frauen aber verbargen sich im Gestrüpp auf der Klippe.

Ulape und ich gingen bis zum äußersten Rand jener Klippe, wo ich mich bei der Ankunft der Jäger versteckt hatte. Die Flut stand tief und auf dem schmalen Strand türmten sich große Bündel von Otterfellen. Ein Teil der Jäger befand sich auf dem Schiff. Die anderen wateten im Wasser umher und warfen die Felle in die Ruderboote. Sie lachten dazu, als wären sie froh von der Insel wegzukommen.

Mein Vater sprach mit Kapitän Orloff. Ich konnte ihre Worte nicht verstehen, weil die Jäger so viel Lärm machten, doch aus der Art, wie mein Vater den Kopf schüttelte, erriet ich, dass er nicht zufrieden war. »Er ist zornig«, flüsterte Ulape.

»Noch nicht«, antwortete ich. »Wenn er richtig zornig ist, zupft er sich am Ohr.«

Unsere Kanubauer hatten zu arbeiten aufgehört und beobachteten meinen Vater und Kapitän Orloff. Die anderen Männer unseres Stammes standen oben auf dem Pfad.

Mit Otterfellen beladen fuhr das Boot der Aleuter zum Segelschiff hinaus. Als es beim Schiff ankam, hob Kapitän Orloff die Hand und gab seinen Leuten ein Zeichen. Nach einer Weile kam das Boot zurück. Zwei Jäger hoben eine schwarze Kiste heraus und trugen sie an den Strand. Kapitän Orloff schlug den Deckel der Kiste zurück, griff hinein und brachte eine Hand voll Halsketten zum Vorschein. Das Tageslicht war trübe, trotzdem glitzerten die Glasperlen, als er sie hin und her pendeln ließ.

Ulape neben mir zog scharf den Atem ein und von

den Büschen her, wo sich die Frauen versteckt hatten, konnte man entzückte Schreie hören. Doch die Schreie brachen ab, als mein Vater den Kopf schüttelte und der Küste den Rücken zuwandte. Die Aleuter warteten regungslos. Unsere Männer verließen ihre Posten am unteren Ende des Pfades, traten einige Schritte vor und warteten ebenfalls, die Blicke auf meinen Vater gerichtet.

»Eine Perlenreihe gegen ein Otterfell ist kein guter Handel«, sagte mein Vater.

Kapitän Orloff streckte zwei Finger hoch. »Eine Perlenreihe und ein Speerkopf aus Eisen«, sagte er.

»So viel hat nicht Platz in der Kiste«, antwortete mein Vater.

»Auf dem Schiff sind noch mehr Kisten«, sagte der Russe.

»Dann bringt sie an Land«, erwiderte mein Vater. »Ihr habt einhundertundfünf Otterfellbündel an Bord. Fünfzehn liegen hier in der Bucht. Ihr müßt uns noch drei Kisten von dieser Größe überlassen.«

Kapitän Orloff sagte etwas zu seinen Aleutern, das ich nicht verstehen konnte, bald aber wurde klar, was er meinte. In der Bucht hielten sich viele Jäger auf und schon nach seinen ersten Worten begannen sie die restlichen Otterfelle in ihr Boot zu laden.

Ulape neben mir atmete kaum. »Glaubst du, er wird uns die anderen Kisten geben?«, flüsterte sie.

»Ich weiß nicht. Ich traue ihm nicht.«

»Er ist im Stande davonzusegeln, sobald alle Felle auf dem Schiff sind.«

»Vielleicht.«

Die Jäger mussten an meinem Vater vorbeigehen um zu ihrem Boot zu gelangen, und als der erste auf ihn zukam, stellte sich ihm mein Vater in den Weg.

»Die Felle müssen hier bleiben, bis die Kisten an Land gebracht sind«, sagte er zu Kapitän Orloff.

Der Russe richtete sich steif auf und deutete auf die Wolken, die der Wind vom Meer hereinjagte.

»Ich lade das Schiff voll, bevor der Sturm ausbricht«, sagte er.

»Gib uns die anderen Kisten. Dann helfe ich euch mit unseren Kanus«, erwiderte mein Vater.

Kapitän Orloff schwieg. Langsam wanderte sein Blick über die Bucht. Er sah unsere Männer an, die etwa ein Dutzend Schritte von ihm entfernt auf einem Felsenband standen. Er schaute zur Klippe empor und wieder zurück zu meinem Vater. Dann sprach er mit seinen Alëutern.

Ich weiß nicht, was zuerst geschah, ob mein Vater die Hand wider den Jäger hob, dem er den Weg versperrte, oder ob dieser meinen Vater beiseite stieß, als er mit seinem Fellbündel an ihm vorbei wollte. Alles ging so schnell, dass ich das eine nicht mehr vom anderen unterscheiden konnte. Doch im gleichen Augenblick, da ich auf die Füße sprang – Ulape schrie, auch andere Schreie längs der Klippe ertönten –, sah ich eine Gestalt auf dem Geröll liegen: Es war mein Vater und auf seinem Gesicht war Blut. Mühsam richtete er sich auf.

Da sprangen unsere Männer mit erhobenen Speeren vom Felsen herunter. Und gleich darauf flatterte eine weiße Rauchwolke vom Deck des Schiffes. Ein lauter Knall brach sich an der Klippe. Fünf unserer Krieger stürzten zu Boden.

Ulape schrie wieder. Sie schleuderte einen Stein in die Bucht hinunter. Der Stein rollte Kapitän Orloff vor die Füße. Jetzt prasselten Steine von allen Seiten der Klippe auf die Jäger herab und viele wurden getroffen. Unsere Krieger fielen über die Aleuter her. Es gab ein solches Durcheinander, dass man kaum mehr wusste, wer gegen wen kämpfte.

Ulape und ich standen hilflos auf der Klippe. Wir wagten keine Steine mehr zu schleudern, aus Furcht, wir könnten unsere eigenen Männer treffen. Die Aleuter hatten die Fellbündel weggeworfen. Sie zogen Messer aus ihren Gürteln, als unsere Krieger auf sie eindrangen, und nun wogten die Reihen der Kämpfenden am Strand auf und ab. Männer fielen in den Sand und sprangen wieder auf um weiterzukämpfen. Andere stürzten und blieben liegen. Einer davon war mein Vater.

Lange Zeit sah es so aus, als würden wir den Kampf gewinnen. Aber Kapitän Orloff, der zum Schiff hinausgerudert war, als alles begann, kehrte mit neuen Leuten zurück.

Unsere Krieger wurden gegen die Klippen zurückgedrängt. Nur eine kleine Schar war übrig geblieben, doch diese kämpfte verbissen am Fuße des Pfades und wollte nicht weichen.

Da erhob sich der Wind. Kapitän Orloff und seine Leute machten plötzlich kehrt und liefen zu den Booten. Unsere Männer nahmen die Verfolgung nicht auf. Die Jäger erreichten das Schiff, die roten Segel blähten sich und langsam fuhr das Schiff durch den Engpass zwischen den beiden Felsen, welche die Bucht bewachten, hindurch.

Kurz bevor das Schiff verschwand, flog noch einmal eine weiße Rauchwolke vom Deck auf, Ulape und ich spürten, wie etwas über unsere Köpfe schwirrte wie ein großer Vogel auf der Flucht. Wir begannen zu laufen.

Der Sturm brach los, als wir von der Klippe hinunterrannten. Er schleuderte uns den Regen ins Gesicht. Andere Frauen begannen neben uns herzulaufen und ihre Schreie tönten lauter als der Wind. Am Fuße des Pfades stießen wir zu unseren Kriegern. Viele hatten am Strand gekämpft. Wenige hatten ihn verlassen und von diesen war jeder verwundet.

Mein Vater lag in der Bucht. Die Wellen brandeten schon über ihn hinweg. Ich betrachtete seinen toten Körper. Es wäre besser gewesen, dachte ich, wenn er Kapitän Orloff seinen geheimen Namen nicht verraten hätte, und später, als wir ins Dorf zurückgekehrt waren, pflichteten mir alle bei. Sie alle, die weinenden Frauen und die verstörten Männer, sprachen aus, was ich dachte: Mein Vater war im Kampf mit den Aleütern und dem doppelzüngigen Russen unterlegen, weil er seinen Geheimnamen preisgegeben und damit seine Stärke verloren hatte.

5

Die Nacht, die auf diesen Schreckenstag folgte, war seit Menschengedenken die schlimmste Nacht für Ghalas-at. Noch vor wenigen Stunden hatte unser Stamm zweiundvierzig Männer gezählt, die, welche zum Kämpfen zu alt waren, mit eingerechnet. Am Abend, als die Frauen alle Krieger, die am Strand der Korallenbucht gefallen waren, ins Dorf zurückgetragen hatten, lebten nur noch fünfzehn. Sieben davon waren alte Männer.

Es gab keine Frau, die nicht einen Vater oder einen Gatten, einen Bruder oder einen Sohn verloren hatte. Der Sturm hielt zwei Tage an und am dritten Tag begruben wir unsere Toten am südlichen Zipfel der Insel. Die Leichen der gefallenen Aleüter verbrannten wir. Danach blieb es im Dorf viele Tage lang still. Die Leute verließen ihre Hütten nur um Nahrung zu suchen, und was sie fanden, das aßen sie schweigend. Einige wollten für immer fort. Sie wollten in ihren Kanus zu einer Insel namens Santa Catalina fahren, die weit drüben im Osten liegt, aber andere sagten, das Wasser sei dort zu knapp. Darauf versammelte sich der Stamm um zu beraten. Nach langem Hin und Her wurde beschlossen, dass alle in Ghalas-at bleiben würden.

Der Rat hatte auch einen neuen Häuptling gewählt. Er trat an meines Vaters Stelle und sein Name war Kimki. Kimki war sehr alt, aber er hatte sich in jungen Jahren als starker Mann und guter Jäger hervorgetan. An dem Abend, da er zum Häuptling gewählt wurde, versammelte er alle seine Leute um sich und sprach:

»Die meisten von denen, die Vögel fingen und Fische aus dem tiefen Wasser holten und Kanus bauten, sind gegangen. Die Frauen, von denen wir nie mehr verlangten, als dass sie zu Hause blieben, kochten und Kleider nähten, müssen jetzt den Platz der Männer einnehmen und mutig den Gefahren begegnen, die außerhalb des Dorfes in großer Zahl auf uns lauern. Es wird darob ein Murren geben in Ghalas-at. Es wird solche geben, die nicht arbeiten wollen. Die sollen bestraft werden. Denn wenn nicht alle helfen, müssen alle untergehen.«

Kimki wies jedem Angehörigen des Stammes eine bestimmte Arbeit zu. Ulape und ich hatten die Aufgabe Abalone zu sammeln. Diese Schalentiere klebten haufenweise an den Felsblöcken längs der Küste. Wir sammelten sie bei Ebbe ein und trugen sie in Körben auf die Mesa, wo wir das dunkelrote Fleisch aus den Schalen schnitten und auf flachen Steinen ausbreiteten, damit es an der Sonne trocknete.

Ramo musste auf Geheiß die Abalone vor den Möwen und besonders vor den wilden Hunden schützen. Nach dem Tod ihrer Besitzer hatten Dutzende von Dorfhunden die Siedlung verlassen und sich zu dem wilden Rudel gesellt, das auf der Insel umherstreifte. Sie waren bald so bösartig wie ihre ungezähmten Artgenossen und kehrten nur ins Dorf zurück um Futter zu stehlen. Ulape und ich halfen meinem kleinen Bruder Ramo jeden Abend, wenn er die Abalone in Körben einsammeln und in den Schutz des Dorfes tragen musste.

Unterdessen pflückten andere Frauen die scharlachroten Äpfel, die man Tunas nennt, von den Kaktusstauden. Wieder andere fingen Fische oder sie legten Netze aus, in denen die Vögel hängen blieben. Die Frauen arbeiteten so fleißig, dass es uns im Grunde besser ging als früher, da das Fischen und Jagen den Männern vorbehalten war.

Es hätte ein friedliches Leben sein können, doch es war nicht friedlich in Ghalas-at. Die Männer sagten, die Frauen hätten Pflichten übernommen, die von Rechts wegen Männersache seien, und nun, da die Frauen jagten, sähen sie verächtlich auf die Männer herab. Daraus entstand viel Lärm und Streit, bis Kimki verkündete, die Arbeit werde neu verteilt – von jetzt an würden die Männer jagen und die Frauen ernten. Da wir schon genügend Vorräte beisammen hatten um den Winter zu überstehen, kam es ohnehin nicht mehr darauf an, wer auf die Jagd ging.

Dies war jedoch nicht der wirkliche Grund, weshalb es in Ghalas-at keinen friedlichen Herbst und Winter gab. Jene, die in der Korallenbucht gefallen waren, lebten immer noch unter uns. Wo wir uns auch befanden, auf der Insel oder auf dem Meer, ob wir fischten oder aßen oder nachts an unseren Feuern saßen, überall und immer waren sie mit uns. Jeder von uns hatte einen Toten, an den er denken musste. Ich dachte an meinen Vater. Er war so groß gewesen, so stark und gut. Seit dem Tode meiner Mutter hatten Ulape und ich uns bemüht die Pflichten zu erfüllen, die einst die ihren gewesen waren. Ulape hatte noch viel mehr geleistet als ich, schon weil sie älter war. Jetzt, da wir auch keinen Vater mehr hatten, mussten wir uns allein um Ramo kümmern und das war nicht leicht, denn dauernd stellte er Dummheiten an. Ähnlich verhielt es sich in den anderen Familien in Ghalas-at, doch am schwersten von allen Bürden, die uns auferlegt worden waren, lastete die Erinnerung an die gefallenen Männer auf unseren Herzen.

Nachdem die Vorräte für den Winter aufgestapelt und die Körbe in jedem Hause voll waren, hatten wir wieder mehr Zeit an sie zu denken. Eine Art von Krankheit befiel das Dorf. Die Leute saßen da und kein Wort, kein Lachen kam von ihren Lippen.

Im Frühjahr rief Kimki den Stamm zusammen. Er habe, sagte er, den ganzen Winter über nachgedacht und habe jetzt beschlossen ein Kanu zu nehmen und nach einem Land im Osten, das er als kleiner Junge gesehen habe, zu fahren. Es liege viele Tage weit von der Insel entfernt, jenseits des Meeres, aber er werde dorthin fahren und uns eine neue Heimat suchen. Er wolle allein hingehen, weil wir nicht noch mehr Männer entbehren könnten, und er werde wieder zurückkommen.

Kimki ging an einem klaren Morgen. Wir begleiteten ihn alle zur Bucht und sahen zu, wie er das große Kanu zur Fahrt bereitmachte.

Das Kanu enthielt zwei Körbe voll Wasser und genügend Tunas und getrocknete Abalone um viele Tage lang davon leben zu können.

Wir schauten Kimki nach, als er durch die schmale Öffnung zwischen den Felsen paddelte. Vorsichtig lenkte er das Kanu an den Salzkrautbänken vorbei und hinaus ins offene Meer. Dort winkte er uns zu und wir winkten zurück. Die Morgensonne warf ein silbernes Band über das Wasser. Auf diesem Band glitt Kimki davon, dem Land im Osten entgegen.

Den ganzen Tag über redeten wir nur von der Reise. Wir fragten uns, ob Kimki dieses ferne Land, von dem außer ihm keiner etwas wusste, jemals erreichen würde und ob er zurückkehren würde, ehe der Winter vorbei war. Vielleicht kam er nie mehr zurück?

Abends saßen wir im Kreis am Feuer und redeten, während der Wind über die Insel fegte und die Wellen an der Küste zerschellten.

6

Als Kimki einen Mond lang fort gewesen war, begannen wir nach ihm auszuschauen. Jeden Tag ging einer von uns zur Klippe und beobachtete das Meer. Wir gingen selbst an stürmischen Tagen und an Tagen, da Nebel über der Insel hing. Von früh bis spät stand ein Wächter auf der Klippe und jeden Abend, wenn wir an unseren Feuern saßen, hofften wir, die nächste Sonne werde Kimki nach Hause bringen.

Doch der Frühling kam und ging und das Meer blieb leer. Kimki kam nicht zurück.

Die schweren Winterstürme waren ausgeblieben und es hatte immer nur kurze Zeit geregnet. Dies bedeutete, dass wir mit dem Trinkwasser sparsam umgehen mussten. Früher hätte sich kein Mensch über solche Dinge aufgeregt, jetzt aber brachte uns alles gleich aus der Fassung. Viele von uns fürchteten, wir würden verdursten.

»Es gibt andere, wichtigere Dinge, um die wir uns kümmern sollten«, sagte Matasaip, der jetzt Kimki vertrat. Matasaip meinte damit die Alëuter, denn es war wieder die Zeit, da sie, wie im vergangenen Jahr, unversehens auf der Insel landen konnten. Die Wächter auf den Klippen wurden angewiesen nach den roten Segeln Ausschau zu halten und an der nächsten Versammlung berieten wir, was wir tun sollten, falls die Alëuter zurückkamen. Unser Stamm verfügte nicht mehr über genügend Männer, die sie am

Landen hindern oder die unser Leben schützen konnten, wenn wir angegriffen wurden, und dass die Alëuter uns angreifen würden, stand für jeden von uns fest. Deshalb fassten wir den Entschluss von der Insel zu fliehen, sobald ihr Schiff in Sicht kam.

Zu diesem Zweck verstauten wir Ess- und Trinkvorräte in unseren Kanus und versteckten diese am Fuße der Felsen, die den südlichen Zipfel der Insel bilden. Die Klippen sind dort steil und sehr hoch, aber wir flochten ein dickes Seil aus Salzkraut und befestigten es an den felsigen Zacken des Klippenrandes. Ein Ende des Seils baumelte dicht über dem Wasser. Sobald das Alëuterschiff in Sicht kam, würden wir alle zur Klippe laufen und uns der Reihe nach am Seil hinuntergleiten lassen. Dann würden wir in unseren Kanus davonfahren und auf der Santa-Catalina-Insel Zuflucht suchen.

Die Einfahrt zur Korallenbucht war so schmal, dass ein Schiff sie in der Nacht nicht ohne Gefahr passieren konnte; dennoch wurden Männer ausgeschickt, die von der Abenddämmerung bis zum Morgengrauen die Bucht bewachen mussten. Auch tagsüber hielt immer jemand Wache.

In einer klaren Mondnacht kam einer der Wächter ins Dorf gelaufen. »Die Alëuter!«, brüllte er. »Die Alëuter sind da!«

Wir hatten es erwartet, wir waren darauf gefasst gewesen, trotzdem war die Angst groß im Dorf Ghalasat. Matasaip schritt von Hütte zu Hütte, mahnte zur

Ruhe und beschwor uns keine Zeit mit unnötigem Packen zu verlieren; denn es sei sinnlos Dinge mitzuschleppen, die wir nicht brauchen würden. Ich nahm aber doch mein Kleid aus Yuccafasern mit, an dem ich viele Tage lang gearbeitet hatte, es war zu hübsch. Auch die Kapuze aus Otterfell schnürte ich in mein Bündel.

Leise verließen wir das Dorf auf dem Pfad, der zu den versteckten Kanus führte. Der Mond wurde blasser, im Osten stand schon ein schwacher Schein und jetzt begann auch ein kräftiger Wind über die Dünen zu blasen. Wir hatten erst eine halbe Meile zurückgelegt, als der Mann, der uns gewarnt hatte, vom Dorf her gelaufen kam. Er sprach mit Matasaip, aber alle umringten ihn um zuzuhören.

»Ich bin in die Bucht zurückgegangen, nachdem ich euch geweckt habe«, berichtete er. »Als ich dort ankam, konnte ich das Schiff deutlich sehen. Es ankert hinter den Felsen, die den Hafen schützen. Es ist kleiner als das Schiff, das den Alëutern gehört. Die Segel sind weiß, nicht rot.«

»Hast du Menschen auf dem Schiff gesehen?«, fragte Matasaip.

»Nein.«

»Es ist nicht das Schiff, das im vergangenen Frühjahr hier war?«

»Nein.«

Schweigend überdachte Matasaip die Neuigkeit. Nach einer Weile befahl er uns weiterzugehen bis zu der Stelle, wo die Kanus versteckt waren, und dort auf

ihn zu warten. Er werde sich das Schiff ansehen und
dann nachkommen. Inzwischen war es hell geworden. Wir eilten über die Dünen bis zum Rand der
Klippe, wo wir auf Matasaip warten wollten.

Die Sonne ging auf und der Wind wurde kälter. Aus
Furcht, die Leute vom Schiff könnten den Rauch sehen, zündeten wir kein Feuer an, obgleich wir genügend Esswaren bei uns hatten um uns ein warmes
Frühstück zu kochen. Stattdessen verzehrten wir ein
paar getrocknete Abalone. Nachdem wir gegessen
hatten, ließ sich mein Bruder Ramo am Seil über die
Klippe hinunter. Seit dem Tag, da wir die Kanus versteckt hatten, war niemand mehr bei den Felsblöcken gewesen, deshalb wussten wir nicht, ob sie immer noch heil und unbeschädigt dort lagen.

Während wir noch zusahen, wie Ramo hinunter-
kletterte, kam von den Dünen her ein Mann ange-
rannt. Es war Nanko und er brachte uns eine Bot-
schaft von Matasaip. Nanko schwitzte trotz der
Kälte und rang nach Luft. Wir konnten es kaum erwarten seine Neuigkeiten zu hören, doch sein glück-
liches Gesicht verriet, dass es gute Nachrichten waren.

»So rede endlich!«, bestürmten wir ihn.

»Ich bin über eine Meile weit gelaufen und kann
nicht sprechen«, stieß er hervor.

»Jetzt sprichst du aber«, sagte jemand.

»Los, Nanko, rede!«, riefen alle im Chor.

Nanko hielt uns zum Besten. Er warf sich in die

Brust und holte tief Atem. Er schaute sich im Kreise um, als wisse er nicht, weshalb alle ihn anstarrten.

»Das Schiff«, sagte er endlich, jedes Wort mit Nachdruck betonend, »das Schiff gehört nicht unseren Feinden, nicht den Alëutern. Auf diesem Schiff sind weiße Männer und sie kommen von dort, wohin Kimki gegangen ist, als er unsere Insel verließ.«

»Ist Kimki zurückgekommen?«, fragte ein alter Mann dazwischen.

»Nein, aber er ist es, der die weißen Männer hergeschickt hat.«

»Wie sehen sie aus?«, wollte Ulape wissen.

»Sind auch kleine Jungen auf dem Schiff?«, fragte Ramo, der inzwischen unbemerkt zurückgekommen war und mit vollem Munde kaute.

Alle redeten durcheinander.

Nanko setzte eine ernste Miene auf, was ihm nicht leicht fiel, weil sein Mund im Kampf mit den Alëutern so zersäbelt worden war, dass er seither ständig zu lächeln schien. Er hob die Hand um sich Gehör zu verschaffen. »Das Schiff wird uns aus Ghalas-at fortbringen«, sagte er.

»Fortbringen? Wohin?«, fragte ich.

Natürlich war es eine gute Nachricht, dass das Schiff nicht den Alëutern gehörte, aber was wussten wir von den weißen Männern, woher sie kamen und wohin sie mit uns fahren würden?

»Ich weiß es nicht«, sagte Nanko. »Kimki weiß es und er hat die weißen Männer hergeschickt, damit sie uns holen.«

Mehr sagte er nicht. Wir nahmen unsere Bündel auf und folgten ihm zurück ins Dorf. Wir fühlten uns sehr erleichtert, wenngleich wir nicht wussten, was nun weiter geschehen würde.

7

Wir hatten fast unsere ganze Habe zurückgelassen, weil wir nur an Flucht dachten. Jetzt gab es eine große Aufregung. Während wir unsere Körbe packten, lief Nanko vor den Hütten auf und ab und trieb uns zur Eile an.

»Der Wind!«, brüllte er. »Er wird immer stärker. Das Schiff fährt ohne euch ab!«

Zu den Dingen, die ich auf jeden Fall mitnehmen wollte, gehörten drei feine Nadeln aus Walfischknochen, eine Ahle zum Löcherbohren, ein gutes Steinmesser, mit dem ich Felle schaben konnte, zwei Kochtöpfe und eine kleine Schachtel aus Muschelschalen, die meine vielen Ohrringe enthielt. All dies verstaute ich in zwei Körben. Ulape besaß zwei Schachteln voll Ohrringe, weil sie eitler war als ich, und nachdem sie ihre Körbe gepackt hatte, malte sie sich mit blauem Lehm einen dünnen Strich über Nase und Backenknochen, zum Zeichen, dass sie unverheiratet war.

»Das Schiff fährt ab!«, schrie Nanko.

»Und wenn schon«, gab Ulape zurück. »Es wird wiederkommen, wenn der Sturm sich gelegt hat.«

Meine Schwester war in Nanko verliebt, aber sie lachte ihn immer aus. »Andere Männer werden auf die Insel kommen«, fuhr sie fort. »Sie werden viel schöner und tapferer sein als ihr . . .«

»Sie werden zu Tode erschrecken und wieder davonlaufen, wenn sie euch sehen. Ihr seid ja lauter hässliche Weiber«, antwortete Nanko lachend.

Der Wind kam in heftigen Stößen, als wir das Dorf verließen. Unsere Gesichter brannten von dem Sand, den er aufwirbelte. Ganz vorn an der Spitze unseres Zuges hopste Ramo, einen unserer Körbe schwingend, doch plötzlich sah ich, wie er umkehrte und mit aufgeregter Miene zurückgelaufen kam. Als er mich erblickte, rief er mir zu, er habe seinen Fischspeer vergessen. Ich stellte mich ihm in den Weg. Er habe keine Zeit mehr seinen Speer zu holen, sagte ich, und von der Klippe herab schrie Nanko, das Schiff könne keinen Augenblick länger auf uns warten.

Das Schiff lag draußen vor der Bucht. Es konnte nicht näher an die Küste herankommen, die Wellen waren zu hoch. Sie schlugen donnernd an die Felsen und ihr Schaum bildete die ganze Küste entlang einen breiten, weißen Strich.

Am Strand lagen zwei Boote und daneben standen vier weiße Männer. Als sie uns erblickten, hob einer von ihnen die Hand um uns zu bedeuten, dass wir schneller laufen sollten. Dazu rief er etwas in einer Sprache, die wir nicht verstanden.

Außer Nanko und dem Häuptling Matasaip befanden sich alle Männer unseres Stammes schon auf dem Schiff. Auch mein Bruder Ramo sei dort, sagte Nanko. Ramo war wieder nach vorn gerannt, nachdem ich ihm verboten hatte ins Dorf zurückzukehren und seinen Speer zu holen. Nanko sagte, er sei in das erste Boot gesprungen, das die Bucht verließ.

Matasaip teilte die Frauen schnell in zwei Gruppen ein. Die Boote wurden ins Wasser geschoben, wo sie auf und ab tanzten, während wir umständlich hineinkletterten. Ein Teil der Bucht war vor dem Wind geschützt, doch als wir die Durchfahrt zwischen den beiden Felsen passiert und die offene See erreicht hatten, fielen mächtige Wellen über uns her. Es gab einen großen Wirrwarr. Das Wasser schäumte, die weißen Männer schrien einander unverständliche Worte zu, das Boot tanzte so wild auf und ab, dass man vom Schiff bisweilen nichts mehr sehen konnte. Dann endlich waren wir am Ziel und irgendwie landeten wir alle ohne Zwischenfall auf dem Deck.

Es war ein großes Schiff, zehnmal größer als unsere größten Kanus. Zwischen den beiden hohen Masten stand ein junger Mann mit blauen Augen und einem schwarzen Bart. Es musste der Häuptling der weißen Männer sein, denn er begann ihnen sogleich Befehle zu erteilen, die sie gehorsam ausführten. Segel flatterten an den Masten empor und zwei Männer schickten sich an das Ankertau über die Bordwand zu ziehen. Ich rief nach meinem Bruder. Ich wusste, wie neugierig er war und wie er seine Nase in alles steckte.

Er würde den arbeitenden Männern nur im Wege sein. Ich rief, doch meine Stimme ging im Lärm des Windes unter und Ramo antwortete nicht. Das Deck war gedrängt voll Menschen, die sich kaum rühren konnten, dennoch suchte ich es von einem Ende bis zum anderen ab, wobei ich immer wieder nach Ramo rief. Niemand antwortete. Niemand hatte meinen Bruder gesehen.

Endlich stieß ich auf Nanko.

Ich war außer mir vor Angst. »Wo ist Ramo?«, rief ich ihm zu. Er wiederholte, was er mir am Strand gesagt hatte, doch noch während er sprach, deutete Ulape, die neben ihm stand, nach der Insel. Ich blickte über das Deck und die See hinweg zur Bucht. Und dort, auf der Klippe, den Fischspeer in der erhobenen Hand, lief Ramo.

Die Segel wölbten sich. Langsam kam das Schiff in Fahrt.

Alle Leute an Bord, selbst die weißen Männer, starrten zur Klippe hinüber. Ich lief auf einen der Weißen zu und zeigte auf meinen Bruder, doch der Mann schüttelte nur den Kopf und wandte sich ab.

Das Schiff fuhr schneller. Ich konnte nicht anders, ich schrie. Häuptling Matasaip packte mich am Arm.

»Wir können nicht auf Ramo warten«, sagte er. »Wenn wir noch länger hier verweilen, wird das Schiff an die Felsen getrieben.«

»Wir müssen aber warten, wir müssen!«, schrie ich verzweifelt.

»Das Schiff kann ihn später holen«, sagte Matasaip. »Deinem Bruder wird nichts geschehen. Zu essen hat er genug, Trinkwasser ist auch vorhanden und schlafen kann er, wo es ihm gefällt.«

»Nein«, schluchzte ich.

Matasaips Gesicht glich einem Stein. Er hörte mir nicht mehr zu. Noch einmal schrie ich auf, doch meine Stimme verlor sich im heulenden Wind. Die Leute umringten mich und redeten auf mich ein, wie Matasaip es getan hatte, doch ihre Worte konnten mich nicht beruhigen. Ramo war von der Klippe verschwunden. Ich wusste, dass er jetzt den Pfad zum Strand hinunterlief.

Das Schiff war im Begriff die Salzkrautbänke zu umfahren. Ich war sicher, dass es nun gleich umkehren und zur Bucht zurückfahren würde, und wartete mit angehaltenem Atem. Aber als es von neuem die Richtung änderte und Kurs nach Osten nahm, wusste ich, dass ich umsonst gehofft hatte.

Ich überlegte nicht lange. Ich setzte zum Sprung an, und obgleich viele Hände mich zurückreißen wollten, warf ich mich kopfüber in das aufgewühlte Meer.

Eine Welle schlug über meinem Kopf zusammen. Ich sank und sank, bis ich dachte, ich würde das Tageslicht nie wieder sehen. Als ich wieder auftauchte, war das Schiff schon in weiter Ferne. Durch die tobende Gischt konnte ich kaum mehr die hüpfenden weißen Segel erkennen. Meine Hände umklammerten immer noch einen der Körbe, die meine Habe enthielten, aber der Korb war schwer und ich sah ein, dass ich mich damit nicht über Wasser halten konnte. So ließ ich ihn los und begann auf die Küste zuzuschwimmen. Die beiden Felsen am Eingang zur Korallenbucht ragten nur undeutlich aus dem Wasser vor mir, doch ich hatte keine Angst. Ich war schon manches Mal weitere Strecken geschwommen, wenn auch nie während eines solchen Sturms. Das Einzige, woran ich dachte, war Ramo. Ich malte mir aus, wie ich ihn bestrafen würde, sobald ich die Küste erreicht hatte. Doch als ich endlich Sand unter den Füßen spürte und Ramo am Strand stehen sah, den Fischspeer in der Hand, so klein und verloren, da vergaß ich alle meine Vorsätze. Ich fiel auf die Knie und zog ihn in meine Arme.

Das Schiff war verschwunden.

»Wann kommt es zurück?«, fragte Ramo. Tränen standen in seinen Augen.

»Bald«, antwortete ich.

Das Einzige, was mich ärgerte, war der Verlust meines hübschen Kleides aus Yuccafasern. Das Nähen hatte mich so viel Zeit und Mühe gekostet.

8

Der Wind riss und zerrte an uns, während wir den steilen Pfad emporstiegen; er wirbelte Sand über die Mesa, der uns unter den Füßen wegrann und den Himmel verdunkelte. Da wir so nicht weiterkamen, suchten wir zwischen den Felsen Schutz. Wir blieben dort, bis die Nacht hereinbrach. Dann ließ der Wind nach, der Mond trat zwischen den Wolken hervor und in seinem Licht kehrten wir ins Dorf zurück.

Die Hütten sahen aus wie Geister in der kalten Helle. Beim Näherkommen vernahm ich seltsame Geräusche. Es klang wie das Getrappel fliehender Füße. Erst dachte ich, es sei der Wind, aber als wir die ersten Hütten erreichten, sahen wir Dutzende von Hunden aus den offenen Türen rennen. Sie liefen knurrend vor uns davon.

Das Pack musste sich ins Dorf geschlichen haben, gleich nachdem wir ausgezogen waren, denn von der Abalone, die wir zurückgelassen hatten, war nicht viel übrig geblieben. Anscheinend hatten die wilden Hunde überall nach Futter gesucht. Nur mit Mühe gelang es Ramo und mir etwas Essbares aufzutreiben. Als wir endlich vor einem kleinen Feuer saßen und unser karges Mahl verzehrten, begannen die Hunde zu bellen. Der Lärm kam von einem nahen Hügel, aus der gleichen Richtung wie der Wind.

Die Hunde bellten die ganze Nacht, doch als ich bei Sonnenaufgang aus der Hütte trat, ergriffen sie die Flucht. Die Höhle, in der sie hausten, befand sich am nördlichen Ende der Insel und ich schaute ihnen nach, bis sie meinen Blicken entschwanden.

An diesem Tag kümmerten wir uns nur um unsere Nahrung. Das vom Wind gepeitschte Meer warf hohe Wellen an die Küste, so dass wir nicht bis zu den Felsen im Wasser vordringen konnten um frische Abalone zu holen. Wir blieben deshalb auf der Klippe. Ich sammelte Möweneier, während Ramo in den Tümpeln fischte. Er fing eine Menge kleiner Fische, die er aufspießte und stolz nach Hause trug. Es war ihm anzusehen, dass er damit seinen Ungehorsam als gesühnt betrachtete.

Zusammen mit den Samenkörnern, die ich in einer Kluft fand, brachte ich ein reichliches Abendessen zu Stande. Zum Kochen besaß ich allerdings nichts als ein paar flache Steine; meine Töpfe lagen auf dem Meeresgrund.

Die wilden Hunde kamen auch in der folgenden Nacht. Vom Duft der gebratenen Fische angelockt, scharten sie sich bellend und knurrend auf dem Hügel vor dem Dorf zusammen. Ich sah den Widerschein des Feuers in ihren Augen glimmen. Als der Morgen graute, gingen sie fort. Der Ozean lag am nächsten Tag ruhig da und wir konnten wieder Abalone von den Felsen pflücken. Aus Seegras flochten wir einen großen Korb. Diesen füllten wir bis zum Rande, und als die Sonne auf unsere Köpfe niederbrannte, trugen wir ihn nach Hause.

Unterwegs machten wir auf der Klippe halt. Die

Luft war klar. Wir konnten das ganze Meer überblicken bis dorthin, wo das Schiff verschwunden war.

»Kommt es heute zurück?«, fragte Ramo.

»Kann sein«, antwortete ich. Ich glaubte es nicht und fuhr fort: »Es kann aber auch sein, dass das Schiff erst nach vielen Sonnen zurückkommt, denn das Land, wohin es gefahren ist, liegt weit von hier.«

Ramo schaute zu mir auf. Seine schwarzen Augen glänzten.

»Es würde mir nichts ausmachen, wenn das Schiff nie wieder käme«, sagte er.

»Warum sagst du das?«, fragte ich.

Ramo dachte nach, während er mit der Spitze seines Speers ein Loch in die Erde bohrte.

»Warum?«, fragte ich wieder.

»Weil es mir hier gefällt, so allein mit dir«, antwortete er. »Es macht mehr Spaß als früher, als alle noch da waren. Morgen gehe ich zu den Kanus und nehme eins und bringe es in die Korallenbucht. Wir brauchen es zum Fischen und damit wir um die Insel fahren können.«

»Die Kanus sind zu schwer für dich allein. Allein kannst du sie nicht ins Wasser schieben.«

»Lass mich nur machen.«

Ramo warf sich in die Brust. Er trug eine Halskette aus See-Elefanten-Zähnen, die jemand auf der Insel zurückgelassen hatte. Die Kette war viel zu groß für ihn und die Zähne waren zerbrochen, aber sie klapperten, als er den Speer zwischen uns in den Boden rammte.

46

»Du vergisst, dass ich der Sohn des Häuptlings Chowig bin«, sagte er.

»Ich vergesse es nicht«, antwortete ich, »aber du bist ein kleiner Sohn. Später, ja, später wirst du stark genug sein um mit einem großen Kanu allein fertig zu werden.«

»Ich bin der Sohn des Häuptlings Chowig«, wiederholte er und plötzlich riss er die Augen weit auf. »Ich bin sein Sohn, und weil er tot ist, muss ich an seine Stelle treten. Ich bin jetzt der Häuptling von Ghalas-at. Alle meine Wünsche müssen erfüllt werden.«

»Zuerst musst du dafür sorgen, dass du ein Mann wirst. Ich werde dich also mit einem Büschel Nesseln auspeitschen und dann auf einen Ameisenhaufen binden, wie es das Gesetz unseres Stammes verlangt.«

Ramo wurde bleich. Er wusste, welchen Riten sich die jungen Männer unseres Stammes unterwerfen mussten und wie grausam sie waren. Schnell sagte ich: »Aber da es hier außer dir keine Männer mehr gibt, können wir vielleicht eine Ausnahme machen und die Nesseln und die roten Ameisen beiseite lassen, Häuptling Ramo.«

»Ich weiß noch nicht, ob mir dieser Name passt«, erwiderte er wieder lächelnd. Er warf seinen Speer nach einer Möwe. »Ich will mir einen besseren ausdenken.« Ich schaute ihm nach, als er den Speer holen ging – ein kleiner Junge mit dünnen Armen und Beinen wie Stäbe und mit einer Kette aus See-Elefanten-Zähnen. Als Häuptling von Ghalas-at würde er mir noch mehr Schwierigkeiten bereiten, als ich bisher mit ihm gehabt hatte. Und doch spürte ich plötzlich das Verlangen ihm nachzulaufen und ihn an mich zu drücken.

»Mir ist ein Name eingefallen«, sagte er, als er zurückkam.

»Und der lautet?«, fragte ich mit ernster Miene.

»Ich bin der Häuptling Tanyositlopai.«

»Das ist ein sehr langer und sehr schwieriger Name.«

»Du wirst dich daran gewöhnen«, antwortete Häuptling Tanyositlopai.

Es fiel mir nicht ein Häuptling Tanyositlopai allein zu den versteckten Kanus gehen zu lassen. Als ich jedoch am nächsten Morgen erwachte, war Ramo fort. Ich trat vor die Hütte, aber ich sah und hörte nichts. Da wusste ich, dass er in der Nacht aufgestanden und zu den südlichen Klippen gegangen war.

Auf einmal hatte ich Angst. Ich malte mir die schrecklichsten Dinge aus. An dem Seil aus Salzkraut war er schon einmal hinuntergeklettert, aber ein Kanu, und sei es auch das kleinste, von den Felsen zu zerren war für einen so kleinen Jungen eine gefährliche Sache. Und selbst wenn er es fertig brachte, wenn er das Kanu ins Wasser schieben konnte ohne sich dabei zu verletzen – wie würde er um die Landspitze herumkommen? Die reißende Strömung dort und die vielen Strudel machten selbst einem erprobten Kanufahrer zu schaffen.

Der Gedanke an diese Gefahren ließ mir keine

Ruhe. Ich begann zu laufen. Es gab nur einen Pfad, der zur Südspitze führte, und den schlug ich ein.

Auf halbem Weg blieb ich plötzlich stehen. Vielleicht war es besser, ich ließ Ramo allein zur Klippe gehen. Schließlich konnten wir ja nicht wissen, wie lange es dauerte, bis das Schiff zurückkam, und inzwischen waren wir aufeinander angewiesen. Vielleicht war es notwendig, dass Ramo schon jetzt ein Mann wurde, dass er lernte auf eigenen Füßen zu stehen, denn ich würde seine Hilfe brauchen, wenn das Schiff noch lange auf sich warten ließ. Was wussten wir, was uns alles noch bevorstand?

Unvermittelt machte ich kehrt und schlug den Pfad zur Korallenbucht ein. Wenn es Ramo gelang das Kanu ins Wasser zu schieben und heil durch die Strömung an der Landzunge zu paddeln, dann konnte er ungefähr um die Zeit, da die Sonne am höchsten stand, im Hafen landen. Dort wollte ich ihn erwarten. Denn eine Seereise macht nur halb so viel Spaß, wenn niemand da ist, der einen willkommen heißt.

Während ich die großen Steine in der Bucht nach Muscheln absuchte, dachte ich absichtlich an andere Dinge. Ich überlegte mir, was wir zum Essen brauchten und wie wir unsere Vorräte vor den wilden Hunden schützen könnten, wenn wir nicht im Dorf waren. Auch an das Schiff dachte ich. Ich versuchte mich zu erinnern, was Matasaip zu mir gesagt hatte. Zum ersten Mal zweifelte ich, ob das Schiff auch wirklich zurückkam. Dieser Gedanke beschäftigte mich so sehr, dass ich in meiner Arbeit immer wieder innehielt und übers Meer starrte, das leer und endlos weit vor mir lag.

Die Sonne stieg, doch von Ramo war noch immer nichts zu sehen. Meine Angst wuchs. Eilends füllte ich meinen Muschelkorb und trug ihn hinauf auf die Mesa. Von dort aus konnte ich den Hafen überblicken und die ganze Küste bis zur Landzunge, die wie ein Angelhaken in den Ozean stach. Ich konnte die kleinen Wellen über den Sand gleiten sehen und hinter ihnen den Halbmond aus weißem Schaum, der die reißende Strömung begleitete.

Ich wartete auf der Mesa, bis die Sonne senkrecht über mir stand, dann lief ich ins Dorf. Doch meine heimliche Hoffnung, Ramo sei inzwischen zurückgekommen, erfüllte sich nicht. Die Hütte war leer.

Hastig grub ich ein Loch in die Erde, legte die Muscheln hinein und deckte sie mit einem schweren Stein zu, damit die wilden Hunde nicht an sie herankamen. Als ich fertig war, machte ich mich auf den Weg zur südlichen Inselspitze.

Zwei Pfade führten zu den Klippen. Zwischen ihnen erhob sich eine lang gestreckte Sanddüne. Ich lief ein Stück weit geradeaus, und da von Ramo weit und breit nichts zu sehen war, begann ich nach ihm zu rufen. Wenn er auf dem Rückweg dem Pfad hinter der Düne folgte, musste er mich hören. Er antwortete nicht, doch jetzt vernahm ich fernes Hundegebell.

Das Kläffen wurde lauter, als ich mich der Klippe

näherte. Bisweilen erstarb es für kurze Zeit und hob dann von neuem an. Der Lärm kam von der anderen Seite der Düne. Ich verließ den Pfad und stapfte den sandigen Hügel hinan.

Als ich den Grat erreicht hatte, erblickte ich das Rudel. Es bildete einen wirren Knäuel und in der Mitte des Knäuels lag Ramo.

Er lag auf dem Rücken und von der Stelle, wo ich stand, konnte ich die Wunde an seinem Hals sehen. Er lag ganz still.

Ich trat hinzu und hob ihn auf. Er war tot. Sein ganzer Körper war von Bisswunden bedeckt. Er musste schon seit langem tot sein und er hatte die Klippe mit den Kanus nie erreicht; das ersah ich aus den Spuren seiner Füße.

Neben ihm lagen zwei tote Hunde. Aus der Flanke des einen ragte Ramos zerbrochener Speer.

Ich trug Ramo ins Dorf. Es war ein langer Weg und die Hunde folgten mir bis zur Hütte, wo ich Ramo auf den Boden bettete; doch als ich mit einem Stock vor die Tür trat, verzogen sie sich auf einen benachbarten kleinen Hügel. Ihr Anführer war ein großer, grauer Hund mit dichtem Nackenhaar und gelben Augen und er ging als letzter.

Trotz der hereinbrechenden Dunkelheit folgte ich der Meute auf den Hügel. Lautlos wich sie vor mir zurück. Ich verfolgte sie hügelauf, hügelab und durch ein kleines Tal bis zur Anhöhe, hinter welcher sich eine steile Felswand erhob. Am Fuß der Wand befand sich eine Höhle. Die Hunde trabten auf die Öffnung zu und zwängten sich einer nach dem anderen hindurch. Als der letzte in der Höhle verschwunden war, trat ich näher.

Die Öffnung war zu breit und zu hoch, als dass ich sie mit Steinen hätte füllen können. Ich las dürre Zweige zusammen, schichtete sie aufeinander und zündete sie an. Die brennenden Zweige stieß ich in den Höhleneingang. Mein Plan war das Feuer bis zum Morgen brennen zu lassen und es immer tiefer in die Höhle zu stoßen, doch ich fand nicht genügend Holz.

Als der Mond aufging, ließ ich von meinem Vorhaben ab und kehrte durch das Tal und über die Hügel ins Dorf zurück.

Die ganze Nacht saß ich schlaflos in meiner Hütte neben der Leiche meines Bruders. Ich schwor mir, dass ich eines Tages hingehen und die wilden Hunde umbringen würde. Ich würde sie alle umbringen. Ich dachte daran, wie ich sie umbringen würde, aber noch mehr als an die Hunde dachte ich an Ramo, meinen toten Bruder.

9

Jene Zeit ist mir nur undeutlich in Erinnerung geblieben. Ich weiß aber, dass viele Sonnen auf- und untergingen und dass ich mir lange überlegte, was ich nun, da ich allein war, tun sollte. Die Hütte verließ ich nur um frische Abalone zu holen, nachdem ich meinen kleinen Vorrat verzehrt hatte.

An einen bestimmten Tag jedoch erinnere ich mich genau. Es war der Tag, da ich beschloss nicht mehr im Dorf zu wohnen.

Seit dem frühen Morgen hing dicker Nebel über der Insel. Von der Küste drang das Tosen der Wellen herüber. Da wurde mir mit einem Mal bewusst, wie still es war in Ghalas-at. Der Nebel kroch durch die offenen Hütten und in seinen Schwaden glaubte ich Gestalten zu erkennen, die Gestalten all derer, die tot oder die fortgegangen waren. Im Lärm der Brandung schienen ihre Stimmen zu rufen.

Lange saß ich vor meiner Hütte, sah die Gestalten und hörte die Stimmen, bis die Sonne durch den Nebel drang und die ziehenden Schwaden verscheuchte. Da erhob ich mich und legte Feuer an meine Hütte. Als sie bis auf den Grund niedergebrannt war, steckte ich die nächste in Brand und so zerstörte ich ein Haus nach dem anderen, bis nur noch Asche bekundete, dass hier das Dorf Ghalas-at gestanden hatte.

Außer einem Korb voll Lebensmitteln gab es nichts, das ich mitnehmen konnte. Ich kam deshalb rasch voran, und noch ehe die Nacht hereinbrach, erreichte ich den Ort, wo ich zu wohnen beschlossen hatte, bis das Schiff zurückkehrte.

Mein neues Heim war eine flache Bergkuppe, eine halbe Seemeile von der Korallenbucht entfernt. Die Kuppe war kahl bis auf einen großen Felsblock in der Mitte und zwei verkrüppelte Bäume. Hinter dem Felsblock gab es einen ebenen, windgeschützten Platz, zehn Schritte breit und fast ebenso lang. Von dort aus konnte ich den Hafen und das Meer sehen. Ein kleiner Bach rieselte in der Nähe.

Zum Schlafen kletterte ich auf den Felsen. Er war oben so breit, dass ich mich mühelos darauf ausstrecken konnte, und eben noch hoch genug um mir Schutz zu bieten vor den wilden Hunden. Seit dem Tag, da sie Ramo getötet hatten, waren sie mir nicht mehr begegnet, aber ich zweifelte nicht daran, dass sie mein neues Lager bald aufspüren würden.

Der Felsen bot auch ein sicheres Versteck für die mitgebrachten Vorräte. Da es noch immer Winter war und das Schiff nun jeden Tag zurückkommen konnte, hielt ich es für überflüssig nach frischer Nahrung zu suchen. Ich hatte Wichtigeres zu tun. Als Erstes musste ich mir Waffen beschaffen, mit denen ich mich der Hunde erwehren konnte, wenn sie mich angriffen. Ich war überzeugt, dass sie mich eines Tages angreifen würden; aber ich hatte fest beschlossen sie alle umzubringen, einen nach dem anderen.

Außer dem Stock, den ich in einer leeren Hütte gefunden hatte, brauchte ich einen Bogen mit Pfeilen und einen großen Speer. Der Speer, mit welchem Ramo einen der Hunde getötet hatte, war zu klein. Er taugte höchstens zum Fischen.

Nach dem Gesetz des Stammes von Ghalas-at durften Frauen keine Waffen anfertigen. Ich begann also nach Waffen zu suchen, die vielleicht von meinen Leuten zurückgelassen worden waren. Zuerst kehrte ich in das verbrannte Dorf zurück und durchwühlte die Aschenhaufen in der Hoffnung einen oder zwei Speerköpfe zu finden. Da ich nichts fand, ging ich zu der Stelle, wo die Kanus lagen. Vielleicht hatten meine Leute dort nicht nur Ess- und Trinkvorräte, sondern auch Waffen versteckt. Doch die Kanus unter der Klippe waren leer. Da fiel mir die Kiste der Aleuter ein. Die Jäger hatten sie an Land gebracht und ich erinnerte mich sie während des Kampfes am Strand gesehen zu haben. Was hernach geschah, ob sie am Strand stehen blieb oder ob die Aleuter sie wieder mitnahmen, wusste ich nicht mehr.

Ich ging in die Korallenbucht. Es war die Zeit der Ebbe. Außer langen Strängen von Seegras, die der Sturm angeschwemmt hatte, war der Strand leer. Trotzdem schaute ich an der Stelle nach, wo die Kiste gestanden haben musste.

Sie befand sich dicht unterhalb des Felsens, auf welchem Ulape und ich den Kampf in der Bucht beobachtet hatten. Mit einem Stock begann ich Löcher in den Sand zu bohren, eines dicht neben dem anderen, in einem immer enger werdenden Kreis. Es war ja denkbar, dass der vom Wind verwehte Sand die Kiste zugedeckt hatte.

Halbwegs gegen die Mitte des Kreises stieß ich mit dem Stock auf etwas Hartes. Erst hielt ich es für ein Stück Fels, doch als ich mit den Händen tiefer grub, kam der schwarze Deckel der Kiste zum Vorschein.

Den ganzen Vormittag lang mühte ich mich damit ab, die Kiste freizulegen. Im Auf und Ab von Ebbe und Flut war sie immer tiefer eingesunken, aber ich hatte auch nicht die Absicht sie ganz aus dem Sand zu graben; ich wollte nur den Deckel heben.

Mit der steigenden Sonne brandete die Flut in die Bucht und machte meine ganze Arbeit zunichte. Das Loch füllte sich wieder mit Sand, bis von der Kiste nichts mehr zu sehen war. Ich rührte mich nicht von der Stelle, obgleich ich bis zum Gürtel im Wasser stand, denn wenn ich jetzt weglief, konnte ich nachher mit dem Suchen wieder von vorne beginnen. Als die Ebbe einsetzte, fing ich erst mit den Füßen, dann mit den Händen von neuem zu graben an.

Endlich lag die Kiste frei. Ich schlug den Deckel zurück. Da lagen sie vor mir, die Halsketten, Armbänder und Ohrringe, Dutzende und Dutzende in schillernden Farben. Ich vergaß die Speerspitzen, die ich hier zu finden gehofft hatte. Mit beiden Händen wühlte ich in dem Schatz. Jedes Schmuckstück, das mir besonders gefiel, hielt ich ins Sonnenlicht und drehte es nach allen Seiten, damit die Strahlen sich in den gläsernen Perlen fangen konnten. Die längste Kette, die aus blauen Glasperlen bestand, legte ich mir um den Hals. Ich streifte mir auch ein Paar blaue Armbänder über die Handgelenke und sie hatten genau die richtige Größe für mich. Dann spazierte ich den Strand entlang und bewunderte mich.

Ich schritt bis zum anderen Ende der Bucht. Die Perlen und die Armbänder klirrten. Ich fühlte mich wie eine Häuptlingsbraut, wie ich da am Wasser auf und ab stolzierte.

An der Stelle, wo der Pfad abzweigt und wo der Kampf stattgefunden hatte, blieb ich plötzlich stehen. Hier waren unsere Männer umgekommen, getötet von den Händen der Alëuter, deren Schmuck ich trug. Ich ging zurück zur Kiste. Dort stand ich lange Zeit und betrachtete die Armbänder und die Glasperlen an meinem Hals. Sie waren so schön und sie glitzerten so herrlich in der Sonne. »Sie gehören nicht mehr den Alëutern«, sagte ich laut, »sie gehören mir.« Dennoch wusste ich, dass ich sie nie wieder tragen würde. Zögernd streifte ich sie ab. Dann raffte ich alles zusammen, was in der Kiste lag, lief damit ins Meer hinaus und warf es ins Wasser, wo es am tiefsten war. Da die Kiste keine Speerspitzen enthielt, war sie für mich wertlos geworden. Ich warf den Deckel zu und häufte Sand darüber.

Später suchte ich auch den Boden unterhalb des Pfades ab. Ich fand jedoch nichts Brauchbares. Da gab ich das Suchen auf.

Tagelang dachte ich nicht mehr an die Waffen, bis eines Nachts die wilden Hunde kamen. Sie umzingelten den Felsblock, auf dem ich schlief, und heulten ohne Unterlass. Gegen Morgen entfernten sie sich, aber ich konnte sie den ganzen Tag im dichten Gestrüpp umhertappen sehen und ich spürte, dass sie mich beobachteten.

Als es wieder Abend wurde, kamen sie zurück. Sie scharrten die Reste meiner Mahlzeit, die ich vergraben hatte, aus dem Boden und balgten sich knurrend um die letzten Brocken. Nachdem sie gefressen hatten, kreisten sie schnuppernd um meinen Felsen. Kein Zweifel, sie witterten meine Nähe.

Lange lag ich schlaflos auf dem Felsen, während die Hunde unter mir ruhelos hin und her trabten. Auf den Felsen konnten sie nicht klettern, er war zu hoch, dennoch fürchtete ich mich. In dieser Nacht überlegte ich mir zum ersten Mal, was mir zustoßen könnte, wenn ich das Gesetz unseres Stammes missachtete und mir, obgleich ich eine Frau war, die benötigten Waffen anfertigte. Ich fragte mich, was geschehen würde, wenn ich ganz einfach nicht an dieses Gesetz dachte. Vieles konnte geschehen: Vielleicht rasten die vier Winde des Himmels daher und zerschmetterten mich, während ich einen Pfeil schnitzte. Oder die Erde bebte, wie manche sagten, und begrub mich unter den fallenden Steinen. Oder würde etwa das Meer in einer furchtbaren Sturzflut über die Insel hereinbrechen? Würden die Waffen in meinen Händen gerade dann zerbrechen, wenn ich ihrer bedurfte, wenn ich in tödlicher Gefahr schwebte, wie mein Vater geweissagt hatte?

Zwei Tage lang überdachte ich diese Dinge und in

der dritten Nacht, als die Hunde wieder zum Felsen kamen, beschloss ich mir die Waffen anzuschaffen, was immer auch geschehen mochte. Gleich am nächsten Morgen wollte ich mich an die Arbeit machen. Dies tat ich denn auch, trotz der Angst, die mich dabei quälte.

Für die Speerspitze wollte ich den Zahn eines See-Elefanten verwenden, weil er hart ist und genau die richtige Form hat. An der Küste am Fuß der Bergkuppe tummelten sich viele dieser Tiere. Die Frage war nur, wie ich eines töten könnte. Unsere Männer pflegten sie mit einem starken Netz aus Salzkrautgeflecht zu fangen. Sie warfen das Netz über das Tier, wenn es schlief. Dazu bedurfte es jedoch der Kraft von mindestens drei Männern und selbst dann konnte es geschehen, dass der See-Elefant samt dem Netz ins Meer flüchtete und so seinen Häschern entkam.

Ich begnügte mich also vorerst mit einer zugespitzten Baumwurzel, die ich im Feuer härtete. Die Spitze band ich mit einer frischen Robbensehne an einen langen Schaft. Es gab eine Menge Robben an der Küste. Eine davon hatte ich zwei Tage zuvor mit einem Stein getötet und ausgenommen, weil ich ihre Sehnen als Schnüre verwenden wollte.

Die Herstellung des Bogens und der Pfeile erforderte mehr Zeit und Arbeit. Sehnen besaß ich nun zur Genüge, doch die Holzart, die ich brauchte, war nur mit Mühe aufzutreiben. Das Holz musste stark und zugleich biegsam sein. Mehrere Tage lang durchforschte ich die benachbarten Schluchten, ehe ich das Richtige fand, denn Bäume sind, wie gesagt, eine Seltenheit auf der Insel der blauen Delphine. Schließlich hatte ich alles beisammen, auch das Holz für die Pfeilschäfte, die Steine für die Pfeilspitzen und eine Hand voll Vogelfedern für das stumpfe Schaftende.

Doch dies war erst der Anfang. Die größten Schwierigkeiten standen mir erst noch bevor. Wohl hatte ich manches Mal zugesehen, wenn unsere Männer an ihren Waffen arbeiteten, aber wie man dabei vorging, wusste ich nicht. Ich hatte meinem Vater zugesehen, wenn er an Winterabenden in der Hütte saß und das Holz für die Schäfte schabte, ich hatte gesehen, wie er die Steine für die Pfeilspitzen zerhackte und die Federn festband; ich hatte ihm zugeschaut und im Grunde doch nichts gesehen. Denn damals waren meine Augen noch nicht die Augen eines Menschen, der eines Tages selbst mit solchen Dingen umgehen muss.

Es war daher nicht verwunderlich, dass viel Zeit verging, ehe ich einen brauchbaren Bogen und ein halbes Dutzend Pfeile besaß.

Von da an trug ich meine Waffen in einer Schlinge auf dem Rücken, wohin ich ging, zur Küste um Muscheln zu sammeln oder in die Schlucht um Wasser zu holen. Und jeden Tag übte ich mich im Bogenschießen wie auch im Speerwerfen.

Während ich an den Waffen arbeitete, blieben die wilden Hunde meinem Lager fern, doch Nacht für Nacht konnte ich sie heulen hören.

Später, als die Waffen fertig waren, zeigte sich der Anführer des Rudels für kurze Zeit im nahen Gebüsch. Ich sah, wie er mich mit seinen gelben Augen beobachtete. Er stand auf einem Felsblock oberhalb der Quelle, als ich Wasser schöpfte, und schaute zu mir herab. Er stand sehr still, nur sein grauer Kopf ragte aus dem Cholla-Busch, dennoch bot er kein gutes Ziel für meinen Pfeil. Die Entfernung war zu groß.

Mit meinen Waffen konnte ich mich einigermaßen sorglos auf der Insel bewegen. Geduldig wartete ich auf den Augenblick, da ich sie gegen die wilden Hunde, die Ramo getötet hatten, verwenden konnte. Ich ging nicht mehr zu ihrer Höhle. Ich war ja sicher, dass sie eines Tages wieder auf meine Bergkuppe kommen würden. Inzwischen verbrachte ich die Nächte weiterhin auf dem hohen flachen Stein, der mir als sichere Schlafstätte diente.

In der ersten Nacht hatte ich auf dem bloßen Felsen gelegen. Die Oberfläche war aber so uneben, dass ich am nächsten Tag einige Bündel Seegras aus der Bucht holte und mir daraus ein Bett machte.

Ich fühlte mich wohl da oben auf der Kuppe. Über mir schimmerten nachts die Sterne. Ich zählte die wenigen, die ich kannte, und erfand Namen für viele andere, die ich nicht kannte.

Am Morgen schaute ich den Möwen zu. Sie flogen von ihren Nestern auf, die zwischen den Klippenfelsen klebten, kreisten eine Weile lang über den Ebbetümpeln, ließen sich fallen und begannen sich für den neuen Tag herzurichten. Sie standen in den Tümpeln, erst auf dem einen, dann auf dem anderen Bein, füllten die krummen Schnäbel mit Wasser, das sie über sich gossen, und glätteten ihr Gefieder mit der Schnabelspitze. Danach flatterten sie über der Küste auf und ab um nach Fischen zu jagen.

Jenseits der Salzkrautbänke hatten die Pelikane schon mit der Jagd begonnen. Sie schwebten hoch über dem Wasser, und wenn sie einen Fisch erspähten, stürzten sie sich kopfüber ins Meer. Beim Aufklatschen machten sie so viel Lärm, dass ich es ganz oben auf der Bergkuppe hören konnte.

Ich sah auch den Ottern zu, wenn sie im Salzkraut fischten. Die scheuen Tiere waren bald nach dem Verschwinden der Aleuter zurückgekommen und mir schien, sie hätten nichts von ihrer Zahl eingebüßt. Die Morgensonne schimmerte wie Gold auf ihren glänzenden Fellen.

Doch immer, wenn ich auf dem Felsen lag und zu den Sternen aufblickte, dachte ich an das Schiff der weißen Männer. Und am Morgen galt mein erster Blick dem kleinen Hafen in der Korallenbucht. Jeden Morgen hoffte ich, das Schiff sei in der Nacht dort eingelaufen. Und jeden Morgen sah ich nichts als die fliegenden Vögel über dem Wasser.

Zu der Zeit, da Ghalas-at noch bewohnt gewesen war, hatte ich immer schon vor Sonnenaufgang vielerlei nützliche Arbeit geleistet. Jetzt aber gab es so wenig zu tun, dass ich zuweilen auf dem Felsen liegen blieb, bis die Sonne mitten am Himmel stand. Dann aß ich ein paar Muscheln oder ich ging geradewegs zur Quelle um frisches Wasser zu holen und in dem kleinen Becken zu baden. Später sammelte ich Abalone an der Küste und manchmal fing ich mit dem Speer einen Fisch zum Abendbrot. Ehe es dunkel geworden war, kletterte ich wieder auf den Felsen und schaute auf die See hinaus, bis die Nacht sie verschlang.

Das Schiff kam nicht zurück.

Auf diese Weise ging der Winter vorbei und danach der Frühling.

10

Der Sommer ist die beste Zeit auf der Insel der blauen Delphine. Die Sonne scheint am wärmsten und die Winde wehen sanfter, bisweilen aus dem Westen, manchmal aus dem Süden. Das Schiff konnte nun jeden Tag zurückkommen. Ich verbrachte diese Zeit meist auf dem Felsblock, den Blick nach Osten gerichtet, nach der Richtung, wo das Land lag, das meine Leute aufgesucht hatten. Ich schaute und schaute hinaus aufs Meer, das nirgends ein Ende nahm.

Einmal sah ich in der Ferne etwas, das ich für ein

Schiff hielt. Aber ich täuschte mich. Ein Wasserstrahl schoss in die Luft, ich wusste, dass es ein Walfisch war. Außer diesem Walfisch gab es in jenem Sommer nichts mehr zu sehen.

Mit dem ersten Wintersturm hörte die Hoffnung auf. Wenn das Schiff der weißen Männer nach mir ausgeschickt worden wäre, so hätte es in der guten Jahreszeit kommen müssen. Jetzt blieb mir nichts übrig als zu warten, bis der Winter vorbei war. Wer weiß, vielleicht dauerte es noch länger.

Mit einem Mal fühlte ich mich sehr verlassen. Ich dachte daran, wie viele Sonnen über dem Meer auf- und niedergehen würden, während ich mutterseelenallein auf dieser Insel lebte. Es war ein ganz neues und beängstigendes Gefühl. Bisher hatte ich ja stets gehofft, das Schiff werde irgendwann zurückkommen, wie Matasaip gesagt hatte. Jetzt musste ich diese Hoffnung begraben. Ich war allein. Allein. Ich aß wenig, und wenn ich schlief, träumte ich von schrecklichen Dingen.

Der Sturm kam aus dem Norden. Er warf mächtige Wellen gegen die Insel und die Winde waren so stark, dass ich nicht länger auf dem Felsen schlafen konnte. Ich nahm meine Seegrasbündel und schichtete sie am Fuße des Steinblocks auf. Und damit die wilden Hunde mich in Ruhe ließen, zündete ich ein Feuer an, das die ganze Nacht hindurch brannte. So verbrachte ich fünf Nächte. In der ersten Nacht kamen die wilden Hunde nahe an den Lichtkreis, den das Feuer in die Dunkelheit warf, heran. Ich tötete drei mit meinen Pfeilen, doch der Anführer war nicht unter ihnen. Danach blieb es ruhig.

Am sechsten Tag, als der Sturm abflaute, ging ich zu der Stelle, wo wir die Kanus versteckt hatten, und ließ mich am Seil über die Klippenwand hinuntergleiten. Dieser Teil der Küste war vor dem Wind geschützt.

Die Kanus lagen noch genau so da, wie wir sie zurückgelassen hatten. Die getrockneten Abalone waren in gutem Zustand. Ich leerte die Körbe mit dem schal gewordenen Trinkwasser und kehrte damit zur Quelle zurück, wo ich sie mit frischem Wasser füllte. Während des Sturms hatte ich einen Entschluss gefasst. Ich wollte mir ein Kanu nehmen und nach dem Land fahren, das im Osten lag. Auf dem Weg zur Quelle fiel mir ein, wie Kimki mit seinen toten Ahnen gesprochen und sie um Rat gefragt hatte, ehe er sich auf die große Reise machte. Kimkis Ahnen waren vor vielen Menschenaltern von jenem Land im Osten her übers Meer gekommen. Er hatte auch Zuma, den Medizinmann, der Macht besaß über den Wind und die Meere, um Rat gefragt. Ich konnte weder das eine noch das andere tun. Zuma war im Kampf mit den Aleutern gefallen, und was die Toten betraf, so hatte ich es nie fertig gebracht mit ihnen zu reden, wenngleich ich es immer wieder versuchte.

Dennoch wäre es falsch zu sagen, ich hätte Angst gehabt, als ich dort an der Küste stand. Meine Vorfahren hatten in ihren Kanus das Meer überquert, von dem Land hinter dem Horizont bis hierher zur

Insel. Auch Kimki war übers Meer gefahren. Von Kanus verstand ich zwar nicht halb so viel wie jene Männer, aber ich muss gestehen, dass mir nicht ernstlich bangte vor den Dingen, die mir auf meiner Fahrt zustoßen konnten. Alles war leichter zu ertragen als dieses Alleinsein auf der Insel, ohne Familie, ohne Gefährten, von wilden Hunden bedroht und, wo ich ging und stand, verfolgt von der Erinnerung an die, die gestorben oder die fortgegangen waren.

Vier Kanus lehnten an der Klippe. Ich suchte mir das kleinste aus. Es war immer noch schwer genug, denn es war für sechs Personen gebaut.

Als Erstes musste ich das Kanu über die Geröllhalde ins Wasser schieben, vier bis fünf Kanulängen weit. Zu diesem Zweck räumte ich alle großen Steine zwischen dem Kanu und dem Wasser weg. Die Löcher füllte ich mit Kieseln und den so entstandenen Pfad bedeckte ich mit langen Streifen von nassem Salzkraut, das eine glitschige Oberfläche bildete. Die Halde fiel ziemlich steil ab, und nachdem ich das Kanu einmal in Bewegung gebracht hatte, glitt es, von seinem eigenen Gewicht getrieben, über das Salzkraut hinunter ins Wasser.

Die Sonne stand schon im Westen, als ich in meinem Boot von der Küste abstieß. Das Meer lag ruhig jenseits der hohen Klippen.

Mit meinem Paddel, das an beiden Enden mit einem Ruderblatt versehen war, trieb ich das Kanu leicht und schnell an der Südseite der Insel entlang, doch kaum hatte ich die Landzunge erreicht, schlug mir der Wind entgegen. Ich kniete beim Paddeln im hinteren Teil des Kanus um schneller vorwärtszukommen, aber der Wind zwang mich meinen Platz zu wechseln.

In der Mitte des Kanus kauernd, paddelte ich daraufhin mit aller Kraft weiter, bis ich die reißende Strömung an der Landzunge hinter mir hatte. Allmählich ebbte die Gischt ab, und als ich ins offene Meer hinauskam, wogte das Wasser in flachen, gleichmäßigen Wellen unter mir. Hätte ich mich um meine Kräfte zu schonen von diesen Wellen treiben lassen, so wäre ich von meinem Kurs nach Osten abgekommen; deshalb ließ ich sie von links an mir vorüberrollen, auf die Insel zu, die jetzt hinter mir immer kleiner wurde.

Als die Sonne im Meer versank, schaute ich zurück. Die Insel der blauen Delphine war verschwunden.

Angst kroch in mir hoch.

Rings um mich gab es nur noch Hügel und Täler aus Wasser. Wenn ich in eines der Täler sank, konnte ich überhaupt nichts mehr sehen, und wenn das Kanu wieder auftauchte, war nur der weite, endlose Ozean da.

Die Nacht brach herein. Ich trank aus meinem Korb und das Wasser kühlte meine Kehle.

Das Meer war so schwarz, dass ich es nicht mehr vom Himmel unterscheiden konnte. Ich hörte keinen Laut, außer dem glucksenden Geräusch der Wellen, wenn sie den Boden meines Kanus streiften oder gegen die Bootswand schlugen. Bisweilen klang es zornig, dann wieder wie das Lachen eines Menschen. Hunger hatte ich nicht, meine Angst war zu groß.

Beim Anblick des ersten Sterns wurde mir leichter ums Herz. Er blinkte tief im Osten, genau vor mir, am Himmel auf. Nach und nach kamen überall andere Sterne zum Vorschein, aber ich hielt die Augen auf den ersten gerichtet. Er stand in dem Sternbild, das wir die Schlange nennen, er leuchtete grün und ich kannte ihn. Ab und zu verkroch er sich im Dunst, doch nur für kurze Zeit, und jedes Mal tauchte er umso strahlender wieder auf.

Ohne den Stern hätte ich mich hoffnungslos verirrt, denn die Wellen bewegten sich hartnäckig in der gleichen Richtung; sie rollten seitlich auf mich zu, so dass das Kanu ständig von seinem Kurs nach Osten abgetrieben wurde. Seine Spur in dem schwarzen Wasser glich einer sich windenden Schlange. Ich weiß nicht, wie ich es fertig brachte, dass das Kanu dennoch ständig auf den Stern zuhielt.

Als dieser höher stieg, begann ich mich nach dem Nordstern zu meiner Linken zu richten. Wir nennen ihn den »Stern, der sich nicht bewegt«.

Nach einer Weile ließ der Wind nach. Das bedeutete, dass die erste Hälfte der Nacht vorbei war. Ich wusste jetzt auch, wie lange ich schon unterwegs war und wie lange es dauerte, bis der neue Tag anbrach.

Etwa um die gleiche Zeit entdeckte ich das Leck. Ich hatte, ehe es dunkel wurde, einen meiner Esskörbe geleert um damit Wasser aus dem Boot zu schöpfen, falls sich dies als notwendig erwies. Es konnte bisweilen geschehen, dass eine Welle über den Bootsrand schlug. Das Wasser, das jetzt um meine Beine plätscherte, kam jedoch nicht von solchen Wellen, es musste von unten her ins Boot gedrungen sein.

Ich legte das Paddel beiseite und schöpfte so lange, bis der Boden des Kanus fast trocken war. Dann tastete ich im Dunkel über die Planken und fand die Stelle dicht am Bug, ein Riss, so groß wie meine Hand und etwa einen Finger breit. Dieser Teil des Kanus ragte zwar beim Fahren meist über die Wasserfläche hinaus, bisweilen aber tauchte er in einer Welle unter und dann drang jedes Mal ein gurgelnder Schwall herein.

Die Spalten zwischen den Planken waren mit schwarzem Pech gefüllt, das wir am Strand zu sammeln pflegten. Ich hatte natürlich kein Pech bei mir, weshalb ich eine Hand voll Fasern aus meinem Rock riss und das Loch damit zustopfte.

Am Morgen war der Himmel klar. Ich sah, wie die Sonne weit drüben zu meiner Linken aus den Wellen tauchte. Ich musste also trotz aller Anstrengungen von meinem Kurs abgekommen sein. Schnell änderte ich die Richtung und paddelte auf dem glitzernden Pfad, den die Morgensonne ins Meer malte, weiter.

Der Wind regte sich nicht. Die lang gezogenen Wellen schoben sich gemächlich an meinem Kanu vorüber. Ich kam jetzt bedeutend rascher voran als in der vergangenen Nacht.

Zum ersten Mal, seit ich die Insel verlassen hatte,

empfand ich wieder eine Art von Zuversicht. Wenn das gute Wetter anhielt, würde ich bis zum Abend viele Meilen zurücklegen können, obschon ich sehr müde war. Noch eine Nacht, dachte ich, vielleicht noch ein Tag, und dann kommt die Küste in Sicht, wo meine Reise endet.

Beim Weiterpaddeln dachte ich an das fremde Land. Ich versuchte mir vorzustellen, wie es dort sein würde. Doch mitten in meinen Gedanken merkte ich, wie sich das Kanu wieder mit Wasser zu füllen begann. Das neue Leck befand sich zwischen den gleichen Planken wie das erste, war jedoch größer und nahe der Stelle, wo ich kauerte.

Wieder zerrte ich Fasern aus meinem Rock und stopfte sie in den Riss. Damit ließ sich zumindest verhindern, dass bei jeder Bewegung des Kanus ein Wasserstrahl hereinschoss. Inzwischen aber hatte ich entdeckt, dass die Planken, wohl weil das Kanu so lange an der Sonne gelegen hatte, der ganzen Länge nach morsch waren und dass das Holz von einem Ende bis zum anderen zersplittern konnte, sobald die Wellen stärker wurden.

Weiterrudern war gefährlich, so viel stand jetzt fest. Die Fahrt konnte noch zwei Tage, vielleicht sogar länger dauern, während es bis zur Insel zurück nicht halb so weit war.

Dennoch konnte ich mich nicht gleich zur Umkehr entschließen. Das Meer bewegte sich kaum und ich hatte schon so viele Meilen zurückgelegt. Sollte alles umsonst gewesen sein? Der Gedanke war unerträglich. Aber noch mehr bedrückte mich die Vorstellung von der verlassenen Insel, die mich erwartete. Wie lange würde ich dort einsam und vergessen hausen müssen? Wie viele Sonnen und Monde würden vergehen, ehe jemand sich meiner erinnerte? Ich wagte nicht daran zu denken.

Unterdessen trieb das Kanu müßig auf dem Meer dahin. Erst als ich sah, wie das Wasser von neuem durch das Leck zu sickern begann, griff ich wieder nach dem Paddel. Es blieb mir keine andere Wahl als zur Insel zurückzufahren. Und ich wusste, dass ich sie nur mit sehr viel Glück erreichen würde.

Der Wind erhob sich, als die Sonne über mir stand. Inzwischen aber hatte ich schon eine ordentliche Strecke zurückgelegt und das Paddel nur losgelassen um das eindringende Wasser aus dem Kanu zu schöpfen. Da der Wind aus der Gegenrichtung kam, musste ich meine Anstrengungen verdoppeln. Ich musste auch häufiger anhalten, weil das Wasser von allen Seiten ins Kanu spritzte. Immerhin, das Leck vergrößerte sich nicht, was ich für ein gutes Omen hielt.

Das zweite gute Omen waren die Delphine. Sie schwammen in einem großen Schwarm vom Westen her auf das Kanu zu, schwenkten dann plötzlich ab und begannen mir zu folgen. Sie schwammen so nahe hinter mir her, dass ich ihre Augen sehen konnte, große Augen, grünblau wie das Meer. Nach einer Weile bewegte sich der ganze Schwarm am Kanu vorbei nach vorn. Vor der Bugspitze schwammen alle durcheinander, hin und her und auf und ab; es sah aus, als webten sie mit ihren breiten Schnauzen an einem Streifen Tuch.

Delphine bringen Glück. Ich war sehr froh, dass sie mich begleiteten. Meine Hände bluteten von dem beständigen Scheuern des Paddels, doch der Anblick der munteren Tiere ließ mich alle Schmerzen vergessen. Eben noch hatte ich mich einsam und elend gefühlt; jetzt spürte ich, dass ich von Freunden umgeben war, und mir wurde gleich besser.

Die blauen Delphine folgten mir, bis die Sonne unterging. Dann verschwanden sie so schnell, wie sie gekommen waren, wieder zurück gegen Westen, doch in den letzten Strahlen der Sonne konnte ich ihre Leiber noch lange glitzern sehen. Und auch als die Dunkelheit längst hereingebrochen war, sah ich sie noch immer in meinen Gedanken und dies war der Grund, weshalb ich mit aller Kraft weiterpaddelte, obgleich ich mich am liebsten hingelegt und geschlafen hätte. Mehr als alles andere waren es die blauen Delphine, denen ich meine glückliche Heimkehr verdankte.

In der Nacht senkte sich der Nebel über das Meer, doch von Zeit zu Zeit blitzte hoch im Westen der rote Stern auf, den wir Magat nennen. Sein Sternbild sieht aus wie ein Krebs, dessen Name es trägt.

Ich musste oft anhalten, weil sich der Riss in den Planken zusehends verbreiterte. Ich stopfte Fasern hinein, schöpfte Wasser aus dem Kanu und dabei ging viel Zeit verloren.

Die Nacht war lang, länger als die erste. Zweimal

schlummerte ich auf den Knien im Kanu ein, obwohl meine Angst jetzt größer war denn je. Als endlich der Morgen graute, tauchten vor mir unter dem klaren Himmel die Umrisse der Insel auf. Von weitem sah die Insel aus wie ein großer Fisch, der sich auf dem Meer sonnt.

Der Tag war noch jung, als ich die Küste erreichte. Die Strömung an der Südspitze trug mich an Land. Meine Beine waren von dem langen Knien steif geworden, und als das Kanu im Sand auflief, fiel ich der Länge nach hin. Nur mit Mühe kam ich wieder auf die Füße. Ich kletterte aus dem Kanu und kroch durch das seichte Wasser zum Strand. Dort lag ich lange Zeit. Ich fand es herrlich wieder festen Boden unter mir zu spüren.

Bald fiel ich in einen tiefen Schlaf.

11

Als ich erwachte, lagen meine Füße im Wasser und die Sonne war untergegangen. Ich fühlte mich so erschöpft, dass ich beschloss die Nacht auf der Landzunge zu verbringen. Nachdem ich den Strand hinaufgekrochen war um von der Flut nicht überrascht zu werden, schlief ich auch schon wieder ein.

Am nächsten Morgen galt mein erster Blick dem

Kanu. Es lag ganz in der Nähe auf dem sandigen Grund. Ich holte die Körbe, meinen Speer, den Bogen und die Pfeile und drehte das Kanu um, sodass der Kiel nach oben ragte. Dies tat ich, damit es von der Flut nicht ins Meer hinausgetrieben würde. Danach verließ ich die Küste und kletterte hinauf zur Bergkuppe, wo ich vor der großen Fahrt gehaust hatte.

Als ich oben auf dem Felsblock stand und hinunterschaute, war mir, als sei ich sehr lange fort gewesen. Ich war glücklich wieder daheim zu sein. Alles, was ich sah, machte mich glücklich – die lustigen Otter auf den Salzkrautbänken, die Schaumringe an den Küstenfelsen, die flatternden Möwen, die Strömung an der sandigen Inselspitze. Dieses Glücksgefühl überraschte mich, denn noch vor wenigen Tagen hatte ich auf dem gleichen Felsblock gestanden und gedacht, ich würde es hier keinen Augenblick länger aushalten.

Meine Blicke schweiften über das blaue Wasser, das sich in der Ferne verlor, und jäh verstummte die Freude in mir. Ich hatte wieder Angst. Es war die gleiche Angst, die ich auf meiner Reise empfunden hatte. An dem Morgen, da mir die Insel wie ein Fisch auf dem Meer erschienen war, hatte ich mir vorgestellt, wie ich das Kanu eines Tages ausbessern und mich von neuem auf die Fahrt machen würde, nach dem Land, das hinter dem Ozean lag. Jetzt aber wusste ich, ich würde es nie wieder versuchen.

Meine Heimat war hier, auf der Insel der blauen

Delphine. Eine andere Heimat besaß ich nicht. Ich würde auf der Insel leben, bis die weißen Männer mit ihrem Schiff zurückkämen. Doch selbst wenn sie bald kämen, noch ehe es wieder Sommer wurde, konnte ich nicht länger so leben, ohne ein Dach über dem Kopf und ohne einen geschützten Ort, wo ich meine Vorräte unterbringen konnte. Ich musste mir ein Haus bauen. Aber wo?

Die Nacht verbrachte ich auf dem Felsen und am nächsten Tag machte ich mich auf die Suche. Der Morgen war sonnig, doch im Norden hingen dunkle Wolkenbänke. Eine kleine Weile noch und sie würden den ganzen Himmel verdunkeln. Und hinter ihnen lauerten die Stürme. Ich durfte keine Zeit verlieren.

Vor allem brauchte ich einen windgeschützten Platz, nicht zu weit von der Korallenbucht entfernt und in der Nähe einer brauchbaren Quelle. Ich kannte zwei Plätze auf der Insel, die sich zum Wohnen eigneten. Der eine befand sich hier auf der Bergkuppe, der andere eine Meile weiter drüben, im Westen. Die Kuppe erschien mir als der bessere von beiden, doch da es schon lange her war, seit ich den anderen Platz aufgesucht hatte, beschloss ich hinzugehen und ihn mir anzusehen. Ich wollte meiner Sache sicher sein.

Unterwegs fiel mir etwas ein, das ich in meinem Eifer vergessen hatte: Der Platz, den ich jetzt aufsuchte, befand sich in der Nähe der Höhle, wo die wilden Hunde hausten. Und wirklich, kaum hatte ich mich der Felswand bis auf wenige Schritte genähert, erschien auch schon der Anführer des Rudels im Höhleneingang und beobachtete mich mit seinen gelben Augen. Wenn ich mir hier eine Hütte bauen wollte, würde ich zuerst ihn und danach das ganze Pack töten müssen. Das hatte ich zwar schon immer beabsichtigt, aber es würde mich viel Zeit kosten und viel Zeit blieb mir nicht.

Die Quelle hier war besser als die, von der ich kam; das Wasser war nicht so verschlammt und sprudelte in immer gleichen Mengen aus der Erde. Sie war auch viel leichter zugänglich, weil sie sich am Abhang eines Hügels befand und nicht in einer Schlucht wie die andere. Außerdem ragten gleich in der Nähe ein paar Klippenfelsen empor, zwischen denen es mehrere geschützte Winkel gab. Diese Felsen waren vielleicht nicht ganz so hoch wie jene auf der Kuppe und boten daher weniger Schutz vor dem Wind; immerhin konnte ich von ihrem Rücken aus die ganze Nordküste und die Korallenbucht überblicken.

Was mich schließlich bewog nicht an dieser Stelle mein Haus zu bauen, waren die See-Elefanten.

Die Klippen fielen schräg bis zur Küste ab und endeten in einem breiten Felsenband, das bei Flut teilweise unter Wasser stand. Es war ein günstiger Platz für die See-Elefanten, denn an stürmischen Tagen konnten sie sich bis fast zur Mitte der Klippe hinaufflüchten. Bei schönem Wetter dagegen konnten sie in den Wassertümpeln fischen oder sich auf den Steinen sonnen.

Der Elefantenbulle ist sehr groß und wiegt etwa so viel wie dreißig Männer zusammen. Die Kühe sind viel kleiner, aber sie machen mehr Lärm als die Bullen; sie kreischen und bellen den ganzen Tag, manchmal auch während der Nacht. Und die Elefantenjungen tun es ihren Müttern nach.

Jetzt war Ebbezeit und die See-Elefanten tummelten sich weit draußen im Meer. Ich konnte sie eben noch als schwarze Pünktchen erkennen. Zu Hunderten tanzten sie zwischen den Wellen auf und ab und der Lärm, den sie dabei vollführten, war trotz der Entfernung ohrenbetäubend.

Den Rest des Tages und die Nacht über blieb ich in der Gegend um mich gründlich umzusehen. Am folgenden Morgen, als das Gebrüll und Gekreisch wieder anhob, verließ ich den Ort und kehrte zu meinem alten Lagerplatz zurück.

Ich hätte mein Haus auch im Süden der Insel bauen können, aber dort hatte einst das Dorf Ghalas-at gestanden und ich wollte nicht auf Schritt und Tritt an die Menschen erinnert werden, die tot oder die fortgegangen waren. Auch spürte man dort den Wind stärker als anderswo. Er fegte über die Dünen, die sich bis in die Mitte der Insel erstrecken, so dass man ständig in glitschigem Sand watete.

In der Nacht begann es zu regnen. Danach regnete es zwei Tage lang ohne Unterlass. Ich errichtete aus Buschwerk einen notdürftigen Unterstand am Fuß des Felsblocks und verzehrte meine ganzen Vorräte. Ich fror entsetzlich, weil ich wegen des Regens kein Feuer anzünden konnte.

Am dritten Tag hörte der Regen auf und ich begann mich nach Material für mein Haus umzusehen. Vor allem brauchte ich Pfähle für einen Zaun. Die wilden Hunde würde ich so bald wie möglich umbringen, doch außer ihnen gab es auch Rotfüchse auf der Insel, und zwar so viele, dass ich nicht die geringste Aussicht hatte ihnen je mit Fallen oder Pfeilen beizukommen, und vor diesen schlauen Dieben würde nichts, das sich auch nur halbwegs zum Fressen eignete, sicher sein, solange ich keinen festen Zaun besaß. Nach dem Regen roch der Morgen frisch. Die Tümpel dampften. Die wilden Kräuter in den Schluchten und die Sandpflanzen auf den Dünen verbreiteten süße Düfte. Singend wanderte ich zur Bucht hinunter und der Küste entlang bis zur Landzunge.

Es war ein guter Tag um mir ein neues Heim zu bauen.

12

Einmal vor vielen Jahren waren zwei Walfische an der Landzunge gestrandet. Den größten Teil ihrer Knochen hatten meine Leute als Schmuckstücke verwendet, der Rest aber lag immer noch dort, vom Sand halb zugedeckt.

Ich fand eine ganze Anzahl Rippen, die ich vom Sand säuberte und auf den Platz trug, wo ich meinen

Zaun errichten wollte. Die Rippen waren lang und an der Spitze gebogen. Nachdem ich Löcher in die Erde gebohrt und die Rippen hineingesteckt hatte, reichten sie mir immer noch bis über den Kopf.

Ich steckte die Rippen dicht nebeneinander in den Boden, so dass sich ihre Kanten beinahe berührten. Ich achtete auch darauf, dass die gebogenen Spitzen nach außen ragten, damit niemand über sie hinwegklettern konnte. Über diese Pfähle hängte ich ein Netz aus vielen feuchten Salzkrautsträhnen, die sich beim Trocknen zusammenziehen. An Stelle des Salzkrauts hätte ich auch Robbensehnen verwenden können; sie sind viel stärker als Salzkraut, aber die wilden Tiere lieben Robbensehnen und hätten meinen Zaun in kurzer Zeit zernagt.

Das Ganze kostete mich viel Mühe und hätte noch länger gedauert, wäre nicht der Felsen gewesen, der den Abschluss des Zauns und dessen eine Seite bildete. An einer bestimmten Stelle unterhalb des Zauns grub ich ein Loch, das mir als Eingang diente. Es war gerade breit und tief genug um mich durchzulassen, wenn ich auf allen vieren kroch. Den Boden und die Seitenwände des kleinen Tunnels kleidete ich mit Steinen aus. Auf der Außenseite verhängte ich das Loch mit einer Matte aus Buschzweigen; innen versperrte ich es mit einem flachen Stein, den ich ohne großen Kraftaufwand beiseite schieben konnte.

Die Länge des Zauns maß acht Schritte. Mehr Platz brauchte ich nicht um alle Dinge, die ich zusammengesucht hatte, aufzustapeln. Ich hatte als Erstes den Zaun erstellt, weil ich nicht länger auf dem Felsen schlafen konnte; die Nächte waren zu kalt und in dem Unterstand, wo mich die wilden Hunde jederzeit überfallen konnten, war an ein ruhiges Schlafen nicht zu denken. Die Arbeit an dem Haus erforderte bedeutend mehr Zeit als der Zaun. Das lag an den vielen Regentagen, noch mehr aber am Mangel an Holz. Es gab eine Sage in unserem Stamm, wonach einst hohe Bäume auf der Insel standen. Das war jedoch lange her, am Anfang der Welt, als Tumaiyowit und Mukat die Erde regierten. Diese beiden Götter stritten sich wegen vieler Dinge. Tumaiyowit wollte, dass die Menschen stürben, Mukat wollte es nicht. Schließlich geriet Tumaiyowit in Zorn und ging fort. Er ging mit allem, was er besaß, in eine andere Welt, eine Welt unter dieser Welt, und seither müssen die Menschen sterben. Zu jener Zeit also wuchsen hohe Bäume auf der Insel; jetzt aber gab es nur noch wenige und diese wuchsen vor allem in den Schluchten. Sie waren klein und krumm. Es war sehr schwierig einen Baum zu finden, aus dem sich Pfosten schneiden ließen. Ich suchte tagelang, vom frühen Morgen bis tief in die Nacht hinein, ehe ich genügend Holz für das Haus beisammen hatte.

Den Felsen benutzte ich als Rückwand. Vorne sollte das Haus offen sein, denn der Wind wehte selten aus dieser Richtung. Die Pfosten mussten alle die gleiche Länge haben. Ich sengte sie über dem Feuer an und zersägte sie an der verbrannten Stelle mit einem Steinmesser, das ich mir in umständlicher Arbeit angefertigt hatte, denn ich hatte, wie gesagt, keine Ahnung, wie man ein solches Werkzeug herstellt. Die Pfosten rammte ich in den Boden, je vier auf beiden Seiten. Für das Dach benötigte ich die doppelte Zahl. Ich befestigte sie mit Sehnen und bedeckte das Ganze mit weiblichen Salzkrautpflanzen, die sehr breite Blätter haben.

Der Winter war schon halb vorbei, als das Haus fertig dastand. Ich schlief nun jede Nacht darin und fühlte mich hinter dem starken Zaun sicher und geborgen. Wenn ich kochte, kamen die Füchse und steckten schnuppernd ihre Nase in die Ritzen zwischen den Pfählen. Auch die wilden Hunde kamen wieder. Sie nagten an den Walrippen und knurrten, weil sie mir nun nichts mehr anhaben konnten.

Wieder tötete ich zwei mit Pfeilen, doch den Anführer erwischte ich nicht.

In der Zeit, da ich mich mit dem Zaun und dem Haus abmühte, ernährte ich mich von Schalentieren und Barsch. Den Barsch briet ich auf einem flachen Stein. Später sah ich mich nach einem Ersatz für die verlorenen Kochtöpfe um. An der Küste gab es eine Menge großer Steine, die das Meerwasser glatt geschliffen hatte. Fast alle waren kugelrund; ich fand jedoch zwei, die in der Mitte eine Vertiefung aufwiesen. Diese rieb ich mit Sand aus, bis sie für meine Zwecke groß genug waren. In den runden Löchern konnte ich nun meinen Fisch kochen, ohne dass die gute Brühe wie bisher verloren ging.

Zum Sieden der Samenkörner und der Wurzeln

benutzte ich einen Korb aus Schilfrohr. Ich hatte ihn selbst geflochten, denn aufs Flechten verstand ich mich gut. Meine Schwester Ulape hatte mir diese Kunst schon vor Jahren beigebracht. Ich ließ das Geflecht an der Sonne trocknen, dann holte ich ein paar Pechklumpen am Strand, weichte sie über dem Feuer auf und bestrich damit das Innere des Korbes, damit das Wasser nicht auslaufen konnte. Mit Hilfe von kleinen Steinen, die ich erhitzte und dann in eine Mischung aus Wasser und Körnern warf, brachte ich eine Art Schleimsuppe zustande, die ich sehr bekömmlich fand. Als Feuerstelle diente eine Vertiefung im Boden meines Hauses. Ich hatte sie von der Erde gesäubert und mit Steinen ausgekleidet. Im Dorf Ghalas-at hatten wir jeden Abend ein neues Feuer angezündet; jetzt aber ließ ich das alte einfach weiterbrennen. Vor dem Schlafengehen bedeckte ich es mit Asche. Am Morgen entfernte ich die Asche und blies in die Glut. Damit ersparte ich mir viel Arbeit.

Außer den Hunden und Füchsen gab es auch Mäuse auf der Insel. Sie waren grau und sie hatten es besonders auf die Reste meiner Mahlzeit abgesehen, die ich von einem Tag zum anderen aufzuheben pflegte. Um sie vor den Mäusen zu schützen musste ich sie, wie auch die übrigen Vorräte, an einem sicheren Ort aufbewahren. Ein solches Versteck boten die Löcher und Spalten in der felsigen Rückwand meines Hauses. Ich säuberte sie und feilte sie mit Steinen aus. Da sie sich ziemlich hoch über dem Erdboden befanden, kamen die Mäuse nicht an sie heran.

Als der Winter vorüber war und das Gras auf den Hügeln zu grünen begann, hatte ich mir ein wohnliches Heim geschaffen. Ich war vor Wind, Regen und wilden Tieren geschützt. Ich konnte mir jede Mahlzeit kochen, auf die ich gerade Lust hatte. Ich besaß alles, was ich zum Leben brauchte.

Jetzt war es an der Zeit daran zu denken, wie ich mich der wilden Hunde entledigen könnte. Sie hatten meinen Bruder getötet und es bestand kein Zweifel, dass sie auch mich töten würden, wenn ich ihnen nicht zuvorkam. Es konnte sich so fügen, dass sie mir über den Weg liefen, wenn ich zufällig keine Waffen auf mir trug, und dann, das wusste ich, war es um mich geschehen.

Eines stand fest: Ich brauchte mehr und bessere Waffen. Ich brauchte einen größeren Speer, einen größeren Bogen und spitzere Pfeile.

Viele Sonnen lang durchforschte ich die Insel nach Steinen und Holz und nachts arbeitete ich an den neuen Waffen, bis mir die Augen zufielen. Und da ich im schwachen Schein des Feuers nicht viel sah, fertigte ich mir aus kleinen *Sai-sai*-Fischen eine Anzahl Lampen an.

Der *Sai-sai* ist silberfarben und nicht größer als ein Finger. In Vollmondnächten kommen diese winzigen Fische in Schwärmen an den Strand geschwommen, einer dicht neben dem anderen, so dass man auf ihnen fast wie auf einem Fell gehen könnte. Sie kommen mit den Wellen und winden sich im Sand, als ob sie tanzten. Ich fing viele Körbe voll *Sai-sai* ein, die ich zum Trocknen an die Sonne legte. Sie verbreiteten einen starken Geruch, wie sie da, die Köpfe nach unten, am Dachpfosten hingen; aber sie brannten sehr hell.

Als Erstes schnitzte ich den Bogen und die Pfeile. Zu meiner Freude entdeckte ich gleich am ersten Tag, dass ich damit viel weiter schoss und viel besser traf als mit den alten Waffen.

Den Speer hob ich mir bis zuletzt auf. Ich feilte und schabte an dem langen Schaft, bis er die richtige Form hatte; ich befestigte eine kleine Scheibe aus Stein, durch die ich ein Loch gebohrt hatte, an einem Ende des Schaftes um dem Speer das nötige Gewicht zu geben; und bei alledem überlegte ich mir hin und her, wie ich es anstellen sollte mir eine Speerspitze aus See-Elefanten-Zahn zu beschaffen. Unsere Männer hatten alle ihre Speerspitzen aus See-Elefanten-Zähnen geschnitzt und ich sah nicht ein, weshalb mir nicht gelingen sollte, was ihnen gelungen war.

Nächtelang dachte ich darüber nach. Irgendwie musste ich einen Weg finden um eines dieser riesigen Tiere zu töten. Mit einem Salzkrautnetz konnte ich allein nicht umgehen; dazu bedurfte es der Kraft mehrerer Männer. Auch konnte ich mich nicht erinnern, dass ein Elefantenbulle jemals mit einem Pfeil oder mit einem Speer erlegt worden wäre. Man tötete ihn erst, nachdem er sich im Netz verfangen hatte, und als Waffe benutzte man eine Keule. Mit dem Speer konnte man höchstens die Kühe töten. Sie lieferten Fett und Tran, aber ihre Zähne waren zu klein und deshalb zu nichts zu gebrauchen.

Ich wusste nicht, wie ich es anstellen sollte. Und doch, je mehr ich darüber nachdachte, umso bestimmter wusste ich, dass ich es versuchen würde, denn auf der ganzen Insel gab es nichts, das sich für Speerspitzen besser eignete als die Hauer eines Elefantenbullen.

13

In der Nacht, ehe ich meinen Plan ausführte, fand ich nicht viel Schlaf. Wieder und wieder dachte ich an das Gesetz, das den Frauen die Herstellung von Waffen verbot. Was würde geschehen, wenn mein Pfeil plötzlich von seiner Bahn abschwenkte? Oder wenn er an der dicken Haut des Elefanten abprallte? Oder wenn der Bulle mich angriffe? Ich stellte mir vor, wie ich mich verwundet nach Hause schleppen und wie die wilden Hunde gerade in diesem wehrlosen Augenblick über mich herfallen würden.

Bis zum Morgengrauen sann ich über diese Dinge nach, aber als die Sonne aufging, war ich schon unterwegs zum Tummelplatz der See-Elefanten.

Als ich zur Klippe kam, sah ich, dass die Tiere das Riff verlassen und sich am Strand zusammengescharrt hatten. Die Bullen hockten wie graue Felsklumpen im Geröll, das den unteren Teil des Abhangs bedeckte. Die Kühe und ihre Kleinen wälzten sich im seichten Wasser.

Vielleicht ist es nicht richtig von »Kleinen« zu sprechen, denn schon ein sehr junger See-Elefant ist so groß wie ein ausgewachsener Mann. Andererseits gleicht er in vielem einem kleinen Kind. In der ersten Zeit ihres Lebens bleiben die jungen Tiere ihren Müttern dicht auf den Fersen. Sie watscheln auf ihren Flossen daher wie Kinder, die ihre ersten Schritte versuchen. Sie geben weinerliche und freudige Laute von sich, ganz wie kleine menschliche Geschöpfe. Und wenn sie zum ersten Mal den festen Boden verlassen müssen um schwimmen zu lernen, stoßen und schieben ihre Mütter sie ins Meer, was bei ihrer Größe ein ordentliches Stück Arbeit bedeutet.

Die Bullen saßen in einem gewissen Abstand voneinander entfernt, denn sie sind von Natur bösartig, eifersüchtig und immer gleich bereit Streit anzufangen, wenn ihnen etwas nicht passt. Es waren ihrer sechs, die da am Abhang hockten, jeder für sich allein, jeder wie ein großer Häuptling, der ein scharfes Auge auf seine Familie hält.

Die Elefantenkuh hat ein glattes Fell und einen Kopf wie eine Maus, mit spitzer Nase und Schnurrbarthaaren. Der Bulle ist ganz anders. Seine Nase wölbt sich wie ein riesiger Buckel über den Kiefern, sein Fell ist rau und von einer Farbe, die an ausgedörrte, rissige Erde erinnert. Alles in allem ist er ein hässliches Tier. Vom Rand der Klippe aus betrachtete ich der Reihe nach alle Elefantenbullen und versuchte herauszufinden, welcher von ihnen der kleinste war.

Sie hatten alle ungefähr die gleiche Größe bis auf einen, der ganz außen, von einem Felsblock halb verdeckt, im Geröll hockte. Er musste noch sehr jung sein, etwa halb so groß wie die anderen Bullen. Im Wasser unter ihm spielten weder Kühe noch Kälber, woraus ich schloss, dass er noch keine eigene Herde besaß. Und das bedeutete, dass er nicht so arglistig war und auch nicht so schnell in Wut geriet wie seine älteren Artgenossen.

Ich ließ mich so lautlos wie möglich über den Rand der Klippe fallen. Um zu dem jungen Bullen zu gelangen musste ich hinter den anderen vorbeischlüpfen ohne ihre Aufmerksamkeit zu erregen. Die Bullen lassen sich durch nichts erschrecken und würden sich kaum bewegen, wenn sie mich sahen, dennoch hielt ich es für besser ihre Nähe zu meiden. Ich hatte meinen neuen Bogen bei mir und fünf Pfeile. Der Bogen war fast so groß wie ich selbst.

Vorsichtig bewegte ich mich den schmalen Pfad hinunter. Bei jedem Schritt fürchtete ich an einen der vielen losen Steine zu stoßen, die dann lärmend in die Tiefe kollern und mich verraten konnten. Auch die Kühe durften mich nicht sehen, denn sie erschrecken leicht und hätten mit ihrem Geschrei die ganze Herde gewarnt.

Endlich hatte ich den Felsblock erreicht, hinter

welchem der junge Bulle saß. Ich richtete mich auf und legte einen Pfeil an die Bogensehne. Dabei kamen mir die warnenden Worte meines Vaters wieder in den Sinn, dass der Bogen in der Hand einer Frau zerbricht, wenn sie ihn zum Töten erhebt.

Die Sonne stand im Westen. Ein Glück für mich, dass ich von der Stelle, wo ich mich befand, keinen Schatten auf den jungen Bullen warf. Er hockte nur wenige Schritte vor mir und drehte mir den breiten Rücken zu. Ich hatte keine Ahnung, worauf ich zielen sollte, ob zwischen seine Schultern oder auf seinen Kopf. Der Nacken bot ein besseres Ziel als der verhältnismäßig kleine Kopf, aber in der dicken Fettschicht unter der Nackenhaut würde mein Pfeil vermutlich einfach stecken bleiben ohne größeres Unheil anzurichten.

Noch während ich hinter dem Felsen stand, unschlüssig und der Mahnung meines Vaters eingedenk, dass der Bogen in der Hand einer Frau zerbricht, wenn sie ihn am dringendsten braucht, erhob sich der junge Bulle von seinem Platz und trottete gemächlich auf die Küste zu. Mein erster Gedanke war, dass er aus irgendeinem Grund meine Nähe gewittert hatte. Ich erkannte jedoch bald, dass er nur zu den Kühen gehen wollte, die zur Herde seines Nachbarn gehörten. Trotz seines Umfanges bewegte er sich flink, wobei er seine riesigen Watschelflossen wie Hände benutzte. Als er sich dem Wasser näherte, schoss ich den Pfeil ab. Er flog schnurgerade, drehte jedoch im letzten Augenblick ab und fiel lahm ins Meer. Der

Bogen war nicht gebrochen, aber der Pfeil hatte sein Ziel verfehlt.

Ein Knirschen hinter mir ließ mich aufhorchen. Mich umwendend gewahrte ich den alten Bullen, den Anführer der Herde, auf welche der junge Bulle es anscheinend abgesehen hatte. Er watschelte an mir vorbei auf seinen Rivalen zu und stieß ihn mit einer einzigen Bewegung seiner mächtigen Schultern zu Boden. Die Wucht des Stoßes war so groß, dass der junge Bulle sich trotz seines beachtlichen Umfangs zweimal überschlug und wie betäubt im Wasser liegen blieb. Jetzt fiel der alte Bulle mit wiegendem Kopf über ihn her. Er bellte dazu so laut, dass es von den Klippen widerhallte. Die Kühe und Kälber, die sich, die Rücken mit ihren Flossen kratzend, in den Wellen vergnügten, richteten sich auf um dem Kampf zuzusehen.

Zwei Kühe standen dem Bullen im Weg, als er auf seinen Nebenbuhler zuwatschelte, aber er trat über sie hinweg, als wären sie Kieselsteine. Mit seinen spitzen Hauern riss er lange Hautfetzen aus der Flanke des jungen Bullen.

Irgendwie gelang es dem jungen Bullen wieder hochzukommen. In seinen blutunterlaufenen Äuglein glitzerte es gefährlich. Der alte Bulle holte zu einem neuen Stoß aus, doch der andere wich geschickt zur Seite und bohrte seine Zähne tief in den Nacken seines Gegners. Er ließ auch nicht locker, als beide wie ein einziger riesiger Knäuel ins Meer rollten. Wasser spritzte nach allen Seiten.

Die Kühe waren erschrocken davongelaufen, die anderen Bullen dagegen hockten stumm und unbeteiligt an ihren Plätzen.

Eine Zeit lang hielten die beiden Tiere im Kämpfen inne um Atem zu schöpfen. In diesem Augenblick hätte ich einen Pfeil auf den jungen Bullen abschießen können. Er lag auf dem Rücken, die Zähne immer noch im Nacken seines Rivalen vergraben, und bewegte sich nicht. Aber ich hatte keine Lust mehr ihn zu töten. Ich war auf seiner Seite. Ich wollte, dass er den Kampf gewann.

Der Kopf und die Schultern des alten Bullen waren von vielen tiefen Narben bedeckt, die wohl von früheren Kämpfen herrührten. Ich sah sie deutlich, während er über dem Gegner lag und sich aus dessen Biss zu befreien versuchte. Ich sah auch, wie sein Schwanz suchend nach einer Stütze tastete, sich plötzlich gegen einen Felsblock stemmte und wie der mächtige Körper mit einem Ruck hochkam.

Nachdem er seinen Gegner abgeschüttelt hatte, lief er keuchend den Abhang hinauf. Der junge Bulle folgte ihm dicht auf den Fersen. Jetzt kam der alte auf mich zu. In meiner Hast ihm auszuweichen – ich konnte ja nicht wissen, ob er mich angreifen würde – trat ich einen Schritt zurück, strauchelte und fiel auf die Knie. Ich verspürte einen stechenden Schmerz im Bein, sprang jedoch gleich wieder auf die Füße. Inzwischen hatte der alte Bulle kehrtgemacht und war mit einer Schnelligkeit, auf die der junge Bulle nicht gefasst sein konnte, wieder über seinen Verfolger hergefallen. Zum zweiten Mal wurde die Flanke des jungen Bullen aufgeschlitzt und zum zweiten Mal stürzte er unter der Wucht des Stoßes ins Wasser.

Die Wellen färbten sich rot von seinem Blut, doch er kam gleich wieder auf die Füße zu stehen, bereit den nächsten Stoß aufzufangen. Der alte Bulle prallte gegen seine Schultern. Es krachte, als stürzte eine Felswand ein. Wieder packte der junge Bulle den anderen beim Nacken und wieder überschlugen sich beide im Wasser. Als sie hinter einer hohen Welle verschwanden, waren sie noch immer ineinander verkeilt. Die Sonne war untergegangen und es wurde so dunkel, dass ich nichts mehr sehen konnte. Der Schmerz in meinem Bein wurde stärker. Da ich einen langen Heimweg vor mir hatte, verließ ich den Schauplatz des Kampfes. Das wütende Bellen der beiden Bullen verfolgte mich, als ich die Klippe hinaufkletterte; es verfolgte mich, als die Küste schon weit hinter mir lag.

14

Als ich das Haus erreichte, schmerzte mich das Bein so sehr, dass ich kaum mehr durch das Loch unter dem Zaun kriechen und den schweren Stein beiseite schieben konnte.

Fünf Sonnen lang lag ich untätig in meiner Hütte, weil das Bein so stark geschwollen war, dass ich unmöglich darauf stehen konnte. Auch hatte ich nicht daran gedacht, mir einen Vorrat an schmerzstillenden Kräutern anzulegen. Zu essen hatte ich genug, doch am dritten Tag drohte das Trinkwasser auszugehen. Ich wartete noch zwei Tage, bis kein Tropfen mehr im Korb war, dann musste ich mich wohl oder übel auf den Weg zur Quelle machen.

Bei Sonnenaufgang brach ich auf. Ich nahm einen Korb voll Muscheln zum Essen mit, außerdem meinen Speer, den Bogen und die Pfeile. Ich kam nur langsam voran, weil ich auf allen vieren kriechen musste. Den Korb mit den Muscheln hatte ich mir auf den Rücken gebunden, die Waffen schleppte ich hinter mir her, so gut es ging. Es gab zwei Wege, die zum Bach führten. Ich wählte den längeren von beiden, obwohl er sich über weite Strecken durch dichtes Buschwerk schlängelte. In meinem Zustand war es mir unmöglich der Abkürzung zu folgen, der Pfad war zu steinig und zu uneben. Der Abhang, an welchem sich die Quelle befand, bildete das Kopfende einer engen Schlucht. Als ich endlich deren Rand erreicht hatte, war die Sonne schon bis zur Mitte des Himmels vorgerückt. Von hier bis zur Quelle war es nicht mehr weit, weshalb ich mich ein wenig ausruhte und meinen quälenden Durst stillte, indem ich an dem saftigen Blatt eines Kaktusstrauchs kaute.

Während ich dalag und den Saft aus dem Kaktusblatt saugte, tauchte im Gebüsch neben mir unvermutet ein grauer Hundekopf auf. Ich sah sofort, dass es der Anführer des wilden Rudels war. Er hielt die Schnauze gesenkt. Offenbar schnupperte er an meinen Spuren. Als er mich erblickte, gleich nachdem ich ihn entdeckt hatte, blieb er stehen. Hinter ihm drängten sich die anderen Hunde. Auch sie blieben stehen. Ich nahm meinen Bogen und spannte die Sehne. Doch noch ehe ich den Pfeil abschießen konnte, verschwand der graue Hund im Gestrüpp. Die anderen folgten. Alles ging so schnell, dass ich nicht einmal Zeit zum Zielen fand. Es war, als hätte ich Geister gesehen. Eine Weile lang horchte ich angestrengt. Die Hunde bewegten sich so leise durch die stacheligen Büsche, dass kein Tappen, kein Rascheln zu hören war. Trotzdem wusste ich, dass sie in der Nähe waren und dass sie versuchen würden mich einzukreisen. Langsam kroch ich weiter. Von Zeit zu Zeit hielt ich an um zu lauschen und zu spähen und um die Entfernung bis zur Quelle abzuschätzen. Das Bein brannte wie Feuer. Im Weiterkriechen ließ ich den Bogen und die Pfeile fallen, denn das Gestrüpp wurde immer dichter und die Waffen behinderten mich. Den Speer schleppte ich mit einer Hand mühsam nach.

Ich erreichte die Quelle ohne weiteren Zwischenfall. Sie sprudelte aus einer Felsspalte und das Becken, aus welchem ich das Wasser schöpfte, war auf drei Seiten von hohen Felswänden umgeben. Aus dieser Richtung hatte ich keinen Angriff von den wilden Hunden zu befürchten. Ich streckte mich auf dem Boden aus und trank, wobei ich die Schlucht unter mir im Auge behielt. Ich trank in vollen Zügen und ließ auch meinen Korb mit Wasser voll laufen. Danach fühlte ich mich besser.

Einige Schritte oberhalb des Wasserbeckens erblickte ich die Öffnung einer Höhle. Ich kroch darauf zu. Über der Höhle wölbte sich ein schwarzer Felsrücken. Dieser war mit niedrigem Buschwerk bestanden und über den Büschen konnte ich eben noch den Kopf des großen grauen Hundes erkennen. Er stand ganz still, aber ich spürte den Blick seiner gelben Augen auf mir, als ich mich der Höhle näherte. Hinter ihm tauchte ein zweiter Kopf auf, dann ein dritter. Die Hunde waren jedoch zu weit von mir entfernt um ein sicheres Ziel für meinen Speer abzugeben.

Plötzlich nahm ich eine Bewegung im Gestrüpp auf der gegenüberliegenden Seite der Schlucht wahr. Offenbar hatte sich das Rudel in zwei Gruppen aufgeteilt, die mir jetzt zu beiden Seiten der Schlucht auflauerten. Die Höhle befand sich dicht vor mir. Ich kroch hinein. Über mir konnte ich das Geräusch fliehender Pfoten und raschelnder Zweige hören, dann wurde es still.

Ich war gerettet. Ich wusste, die wilden Hunde würden beim Einbruch der Dunkelheit zurückkommen, was sie auch taten, aber sie wagten sich nicht bis zur Höhle vor. Sie irrten scheinbar ziellos im Gebüsch umher, bis es Morgen wurde.

Der Höhleneingang war niedrig und schmal. Drinnen aber bildeten die Felswände eine hohe Wölbung, so dass ich mühelos aufrecht stehen konnte. Von der Decke tropfte Wasser. Es war sehr kalt hier und ich besaß nichts, womit ich ein Feuer hätte anzünden können. Trotzdem blieb ich sechs Sonnen lang in diesem Versteck, bis mein Bein wieder gesund war. Und in dieser Zeit kroch ich nur ein einziges Mal ins Freie um an der Quelle frisches Wasser zu holen. Ich beschloss die Höhle als zweite Wohnstätte zu benutzen, für den Fall, dass ich wieder verletzt oder krank sein würde. Sobald ich mich stark genug fühlte, begann ich sie herzurichten.

Von der Höhle führte ein gewundener Gang tief in den Felsen, doch ich begnügte mich mit dem vorderen Teil, der gleich hinter dem Eingang lag und der zu einer bestimmten Zeit des Tages sogar von der Sonne erhellt wurde.

Diese Höhle musste vor langer Zeit von meinen Vorfahren benutzt worden sein; wozu, weiß ich nicht. Aber jedenfalls hatten sie Zeichnungen in die Felswände geritzt. Sie hatten Pelikane gezeichnet, die fliegen oder sich auf dem Wasser treiben lassen, aber auch Delphine und Walfische, See-Elefanten, Möwen, Raben, Hunde und Füchse. Außerdem hatten sie neben dem Eingang zwei Mulden in den Fels gehauen. Diese wollte ich als Wasserbecken benutzen, da sie viel größer waren als meine Körbe.

In den Ritzen und Löchern der Felswände würde ich, ähnlich wie in meinem anderen Haus, alle meine Vorräte verstauen – die getrockneten Abalone, die gedörrten Fische und Früchte, die Samenkörner, alles, was ich im Laufe der Zeit gesammelt hatte. Ich holte auch Heilkräuter vom Hügel oberhalb der Quelle, damit ich sie bei Bedarf gleich zur Hand hatte. Meinen alten Bogen und die kleinen Pfeile brachte ich ebenfalls in der Höhle unter. Und ganz zum Schluss, nachdem ich aus Seegras ein weiches Lager aufgeschichtet und dürres Holz zum Anfeuern bereitgelegt hatte, versperrte ich den Eingang mit Steinen. Zuoberst ließ ich eine kleine Öffnung frei, die gerade groß genug war um mich durchzulassen.

All dies tat ich in Erinnerung an die beschwerliche Zeit, da ich krank und ohne Wasser in meiner Hütte gelegen hatte. Es war eine harte Arbeit, eine Arbeit für Männer, aber ich kehrte nicht eher in mein erstes Haus zurück, als bis ich mit allem fertig war.

Bei Ebbe kletterte ich auf die Klippen um mich nach den See-Elefanten umzusehen. Oben am Hang lag die Leiche des alten Bullen. Die Möwen hatten alles Fleisch von den Knochen gepickt. Ich fand jedoch, was ich brauchte.

Die Zähne des Bullen waren etwa so lang wie meine Hand und halb so breit. Sie hatten gebogene Spitzen und einige waren zerbrochen, aber nachdem ich die am besten erhaltenen Zähne mit Sand geglättet hatte, besaß ich vier ausgezeichnete Speerspitzen mit breiten Sohlen und sehr scharfen Enden.

Ich fertigte noch zwei weitere Speere an und so ausgerüstet konnte ich mich endlich auf den Weg zur Höhle der wilden Hunde machen.

15

So weit mein Gedächtnis zurückreichte, hatte es auf der Insel der blauen Delphine wilde Hunde gegeben, doch seit die Alëuter fast alle Männer unseres Stammes erschlagen hatten und seit die Hunde der Toten zu ihren wilden Artgenossen übergelaufen waren, wurde das Rudel immer dreister. In den Nächten, als Ghalas-at noch stand, drangen sie bis ins Dorf vor und tagsüber lungerten sie stets in der Nähe herum. Wir hatten damals beschlossen sie alle umzubringen, doch dann kam das Schiff und unser Stamm verließ die Insel für immer. Wenn das Rudel frecher wurde, so lag dies zweifellos an seinem Anführer, dem großen grauen Hund mit dem dichten Nackenfell und den gelben Augen.

Ich hatte diesen Hund früher nie gesehen. Niemand in Ghalas-at hatte ihn je gesehen. Wir vermuteten, dass er mit den Alëutern gekommen und von ihnen zurückgelassen worden war, als sie wieder absegelten. Er war viel größer als unsere Hunde, die ein kurzhaariges Fell und braune Augen haben. Wir zweifelten nicht daran, dass er ein Alëuterhund war.

Seit Ramos Tod hatte ich insgesamt fünf Hunde getötet, doch es blieben noch viele übrig, ja, ihre Zahl wuchs ständig, weil immer neue Junge zur Welt kamen. Und die Jungen waren noch bösartiger als die alten Hunde.

Zuerst vergewisserte ich mich, dass das Rudel sich

nicht irgendwo in der Nähe aufhielt. Dann erkletterte ich den Abhang vor der Höhle, suchte einen Haufen Zweige zusammen und schichtete diese vor dem Eingang auf. Dann wartete ich die Rückkehr des Rudels ab. Es wurde Morgen, ehe es von seinem nächtlichen Raubzug heimkehrte und in der Höhle verschwand. Ich nahm den großen Bogen, fünf Pfeile sowie zwei Speere an mich, ging leise um die Höhlenöffnung herum und näherte mich ihr von der anderen Seite. Dort legte ich die Waffen nieder. Ich behielt nur einen der Speere in der Hand.

Dann legte ich Feuer an die Zweige. Sie brannten lichterloh. Mit dem Speer stieß ich den brennenden Haufen in den Höhleneingang. Drinnen blieb alles still. Ich hob meine Waffen vom Boden auf und kletterte auf einen Felsblock in der Nähe.

Das Feuer knisterte. Eine Rauchwolke drang aus dem Felsen und verzog sich langsam über dem benachbarten Hügel, aber ich wusste, dass der Rauch zum größten Teil in der Höhle hängen blieb und dass die Hunde nun bald das Weite suchen würden. Ich durfte mir nicht zu viel davon versprechen. Mehr als fünf Hunde würde ich kaum töten können, da ich ja nur fünf Pfeile besaß, doch wenn ich Glück hatte und den Anführer zur Strecke brachte, würde ich mit dem Ergebnis zufrieden sein. Dies brachte mich auf einen neuen Gedanken. Ich beschloss das Erscheinen des Anführers abzuwarten und alle meine Pfeile für ihn aufzuheben. Das Feuer war fast ganz niedergebrannt, ehe sich die ersten Hunde zeigten. Zuerst kamen drei herausgerannt und verschwanden hinter dem Hügel. Ihnen folgten sieben weitere Hunde und gleich darauf nochmals so viele. Ich schätzte, dass der größte Teil des Rudels jedoch immer noch in der Höhle war.

Als Nächster kam der Anführer. Im Gegensatz zu den anderen rannte er nicht davon; er sprang vielmehr über den Aschenhaufen und blieb schnuppernd neben dem Eingang stehen. Er stand so nahe, dass ich das Beben seiner Nasenflügel sehen konnte, aber erst, als ich den Bogen in Anschlag brachte, erblickte er mich.

Mein Anblick schien ihn nicht zu erschrecken. Er stand mit gespreizten Hinterbeinen, als setze er zum Sprung an, und seine gelben Augen waren schmale Schlitze. Der erste Pfeil traf ihn in die Brust. Er wendete sich um, tat einen Schritt und fiel hin. Ich schoss einen zweiten Pfeil auf ihn ab. Er traf nicht.

Im gleichen Augenblick kamen drei Hunde aus der Höhle gelaufen. Ich tötete zwei davon mit den Pfeilen, die mir verblieben waren. Dann kletterte ich, beide Speere in der Hand, vom Felsblock herunter und arbeitete mich durch das Gestrüpp bis zu der Stelle, wo der Anführer hingefallen war. Er lag nicht mehr dort. Während ich mit den anderen Hunden beschäftigt gewesen war, musste er sich davongemacht haben. Mit seiner Wunde konnte er jedoch nicht weit gekommen sein. Ich schaute überall nach, hinter dem Felsblock, auf dem ich gestanden hatte, und vor der Höhle, aber ich fand nirgends eine Spur von ihm.

Lange stand ich wartend da. Als sich nichts regte, betrat ich die Höhle. Sie war sehr geräumig und in dem Licht, das durch die Öffnung fiel, konnte ich alles deutlich sehen.

Ganz hinten in einem Winkel lag ein toter Fuchs. Neben der halb zerfressenen Leiche hockte eine schwarze Hündin mit vier grauen Welpen. Eines der Jungen wackelte unbeholfen auf mich zu, ein winziges Häuflein Fell, das ich auf einer Hand hätte tragen können. Ich bückte mich nach ihm, doch im gleichen Augenblick sprang die Mutter zähnefletschend auf. Ich hob den Speer, während ich vor ihr zurückwich. Der Anführer war nicht da.

Als ich aus der Höhle trat, war es dunkel geworden. Ich ging um den Hügel herum bis zur Klippe, auf einem Pfad, den die wilden Hunde gebahnt hatten. Unterwegs wäre ich beinahe auf den zerbrochenen Schaft eines Pfeils getreten. Ich sah, dass er dicht unterhalb der Spitze abgebissen war und dass er von dem Pfeil stammte, der den Anführer verwundet hatte. Einige Schritte weiter stieß ich auf die Spuren des Hundes. Die Abdrücke seiner Pfoten im Sand wirkten ungleichmäßig; offenbar bewegte sich das Tier nur langsam vorwärts. Ich folgte den Spuren, bis ich sie im Dunkel aus den Augen verlor.

An den beiden folgenden Tagen regnete es ununterbrochen. Ich hielt es für zwecklos bei dem nassen Wetter nach dem Hund zu suchen. Stattdessen fertigte ich mir eine Anzahl neuer Pfeile an. Am dritten Tag begab ich mich mit dem Speer und den neuen

Pfeilen wieder auf den Pfad, den die wilden Hunde gebahnt hatten.

Der Regen hatte alle Spuren verwischt. Ich folgte dem Pfad bis zum Steinhaufen, wo ich sie zuletzt gesehen hatte. Auf der anderen Seite des Steinhaufens lag der große graue Hund. Der zerbrochene Pfeil steckte noch in seiner Brust. Seine Schnauze ruhte auf den angezogenen Vorderbeinen.

Ich näherte mich ihm bis auf etwa zehn Schritte, so dass ich ihn deutlich sehen konnte. Obgleich ich keinen Augenblick zweifelte, dass er tot war, hob ich den Speer und zielte scharf nach ihm. Da hob er plötzlich den Kopf, wenn auch fast unmerklich, und ließ ihn kraftlos wieder fallen.

Ich war so überrascht, dass ich eine Weile unschlüssig dastand. Ich wusste nicht, ob ich den Speer oder meinen Bogen gebrauchen sollte. Diesen Tieren durfte man nicht trauen. Sie stellten sich tot und auf einmal fielen sie einen an oder rannten davon.

Ich entschied mich für den Bogen. Der Speer hätte sich auf die kurze Entfernung besser zum Töten geeignet, aber ich war noch zu ungeübt im Speerwerfen. Eilends kletterte ich auf den Steinhaufen. Von dort aus hatte ich eine gute Übersicht und der Hund würde mir nicht entgehen, selbst wenn er zu fliehen versuchen sollte. Ich suchte einen sicheren Halt für meine Füße. Für den Notfall legte ich einen zweiten Pfeil bereit. Dann spannte ich die Bogensehne und zielte nach dem Kopf des Hundes.

Warum ich den Pfeil nicht abschoss, vermag ich

nicht zu sagen. Ich stand auf dem Steinhaufen, der Bogen war gespannt und meine Hand wollte den Pfeil nicht loslassen. Der große Hund lag unter mir am Fuß des Steinhügels. Er bewegte sich nicht. Und dies ist vielleicht der Grund, weshalb ich ihn nicht tötete. Wäre er aufgestanden, so hätte ich ihn auf der Stelle umgebracht.

Lange stand ich auf dem Steinhaufen und schaute auf den Hund hinunter. Dann ließ ich den Bogen sinken.

Er rührte sich nicht, als ich auf ihn zuging. Ich wusste nicht einmal, ob er noch atmete, als ich mich über ihn beugte. Die Pfeilspitze steckte in seiner Brust und am zerbrochenen Schaft klebte Blut. Das dicke Nackenfell tropfte von Nässe. Ich glaubte nicht, dass er es spürte, als ich ihn aufhob, denn sein Körper war schlaff wie der eines eben verendeten Tieres. Er war sehr schwer. Um ihn zu heben musste ich in die Knie gehen und seine Beine über meine Schultern legen.

So trug ich ihn nach Hause. Der Weg erschien mir endlos lang, denn ich musste immer wieder stehen bleiben um Atem zu schöpfen.

Am Zaun angekommen stellte ich fest, dass ich den Hund unmöglich durch die enge Öffnung bringen würde. Ich schnitt daher ein Stück des Netzes heraus und riss zwei Walrippen aus dem Boden um einen anderen Durchgang zu schaffen. Auf diese Weise brachte ich den Hund ins Haus. Er sah mich nicht an, er hob nicht einmal den Kopf, als ich ihn auf den Boden legte, doch er atmete mit offenem Maul.

Ein Glück, dass der Pfeil nur eine kleine Spitze hatte. Ich zog ihn mühelos heraus, obwohl er tief ins Fleisch gedrungen war. Der Hund regte sich nicht. Er zuckte auch nicht zusammen, während ich die Wunde mit dem geschälten Zweig eines Korallenbusches reinigte. Die Beeren dieses Busches sind giftig, aber sein Holz heilt viele Wunden, denen anders nicht beizukommen ist.

Seit Tagen hatte ich nicht mehr nach Nahrung gesucht und die Körbe waren leer. Ich ließ Wasser für den Hund zurück, und nachdem ich den Zaun wieder geflickt hatte, ging ich hinunter ans Meer. Ich glaubte nicht, dass der Hund noch lange leben würde, aber es war mir gleichgültig.

Einen ganzen Tag lang kletterte ich zwischen den Küstenfelsen umher und las Muscheln von den Steinen und nur ein einziges Mal dachte ich an den verwundeten Hund, meinen Feind, der in meinem Hause lag. Ich fragte mich, warum ich ihn nicht getötet hatte.

Er lebte immer noch, als ich zurückkehrte, aber er hatte sich nicht von der Stelle gerührt. Wieder reinigte ich die Wunde mit einem Korallenzweig. Dann hob ich seinen Kopf und goss ihm Wasser ins Maul. Er schluckte. Und dann sah er mich an, zum ersten Mal, seit ich ihn auf dem Pfad gefunden hatte. Seine Augen waren eingesunken. Sie schienen mich von weit hinten her anzuschauen.

Vor dem Schlafengehen gab ich ihm nochmals frisches Wasser zu trinken. Am Morgen, ehe ich ans

Meer ging, legte ich Futter für ihn bereit, und als ich nach Hause kam, sah ich, dass er alles gefressen hatte. Er lag in einer Ecke. Er beobachtete mich, während ich Feuer machte und mein Nachtmahl zubereitete. Seine gelben Augen folgten mir, wo ich ging und stand.

In jener Nacht schlief ich oben auf dem Felsen, weil ich mich vor ihm fürchtete. Tags darauf ließ ich beim Fortgehen das Loch im Zaun für ihn offen, aber abends war er immer noch da. Er lag in der Sonne, den Kopf zwischen die Vorderpfoten gebettet.

Ich hatte mir zum Abendbrot zwei Fische gefangen, die ich am Speer aufgespießt nach Hause trug. Da der Hund sehr mager war, teilte ich die Beute mit ihm, und nachdem er seinen Fisch verzehrt hatte, kam er zu mir ans Feuer, legte sich nieder und schaute mich mit seinen gelben Augen an. Es waren ganz schmale Augen und sie standen ein bisschen schräg.

Vier Nächte verbrachte ich auf dem Felsen und jeden Morgen ließ ich das Loch unter dem Zaun unversperrt, damit er fortgehen konnte. Jeden Tag tötete ich einen Fisch für ihn und jedes Mal, wenn ich nach Hause kam, stand er hinter dem Zaun und wartete auf sein Fressen. Solange ich den Fisch in der Hand hielt, rührte er ihn nicht an; zuerst musste ich ihn auf den Boden legen. Einmal streckte ich die Hand nach ihm aus, doch er wich gleich zurück und fletschte die Zähne.

Am vierten Tag kehrte ich früher als gewöhnlich von der Küste zurück. Der Hund stand nicht hinter dem Zaun. Ein eigentümliches Gefühl überkam mich. Bis zu diesem Tage hatte ich immer gehofft, er werde nicht mehr da sein, wenn ich abends nach Hause kam, doch jetzt, als ich unter dem Zaun durchkroch, war alles anders.

Ich rief: »Hund, Hund!« Ich hatte keinen anderen Namen für ihn.

Rufend lief ich zum Haus. Er lag drinnen auf dem Boden, war jedoch im Begriff aufzustehen, denn er reckte sich und gähnte. Zuerst schaute er auf den Fisch in meiner Hand, dann blickte er zu mir auf und wedelte mit dem Schwanz.

Von da an schlief ich wieder im Haus. Ich dachte mir auch einen Namen für ihn aus, weil ich ihn nicht länger einfach »Hund« nennen wollte. Der Name, der mir einfiel, war Rontu, was in unserer Sprache Fuchsauge bedeutet.

16

Das Schiff der weißen Männer kam nicht. Es kam weder im Frühjahr noch im Sommer. Dennoch hielt ich jeden Tag nach ihm Ausschau, ob ich oben auf der Bergkuppe Beeren sammelte, in der Bucht nach Muscheln suchte oder mein Kanu ausbesserte.

Ich hatte mir noch keinen festen Plan zurechtgelegt für den Fall, dass die Aleuter kämen. Ich konnte mich in der Höhle verstecken, denn sie war von dichtem Gebüsch umgeben und die Schlucht, in der sie sich befand, war für einen Fremden fast unzugänglich. Von den Vorräten, die ich in die Höhle geschafft hatte, konnte ich einen ganzen Sommer lang leben. Und was die Quelle betraf, so wussten die Aleuter anscheinend nichts von ihr; jedenfalls hatten sie sie das letzte Mal nie benutzt, da es ja in der Nähe ihres Lagers eine andere gab. Immerhin musste ich damit rechnen, dass sie zufällig darauf stoßen und danach die Höhle entdekken würden, und dann musste ich zur Flucht gerüstet sein. Mich verstecken oder fliehen – etwas anderes blieb mir nicht übrig, wenn die Aleuter kamen.

Und zum Fliehen benötigte ich ein Kanu. Die Kanus, die meine Leute am Südzipfel der Insel zurückgelassen hatten, waren vom langen Liegen an der Sonne ausgetrocknet und rissig geworden. Dazu kam, dass ich sie nicht allein aus ihrem Versteck zerren und ans Wasser hinunterstoßen konnte. Sie waren zu schwer, selbst für ein Mädchen, das so kräftig war wie ich. Es blieb mir nur das Kanu, das ich nach meiner großen Fahrt an der Landzunge zurückgelassen hatte.

Ich begab mich dorthin. Das Kanu lag unter dem Sand begraben. Ich arbeitete mehrere Tage lang, bis ich es endlich freigelegt hatte. Das Wetter war milde, weshalb ich nicht in mein Haus zurückkehrte, sondern auf der Landzunge bleiben konnte und nachts im Kanu schlief. Dadurch ersparte ich mir viel Zeit.

Auch dieses Kanu war zu groß für mich. Ich brachte

es kaum von der Stelle. Um es zu verkleinern lockerte ich nacheinander alle Planken, zerschnitt die Sehnen, mit denen sie zusammengebunden waren, und erhitzte das Pech in den Fugen. Mit scharfen Messern aus schwarzem Stein, den man an einer bestimmten Stelle auf der Insel findet, sägte ich die Planken in der Mitte entzwei und fügte sie mit frischem Pech und Sehnen wieder zusammen.

Als ich mit dieser Arbeit fertig war, sah das Kanu bei weitem nicht mehr so hübsch aus wie vorher, aber ich konnte es wenigstens vom Boden heben und ohne große Mühe ins Wasser schieben.

Fast einen ganzen Sommer lang arbeitete ich an dem Kanu und in all dieser Zeit blieb Rontu bei mir. Bisweilen schlief er im Schatten des Bootes oder er rannte an der Landzunge auf und ab um die Pelikane zu verjagen, die sich dort in Scharen niederlassen, weil es in der Nähe viele Fische gibt. Er rannte sich die Zunge aus dem Hals, aber einen Pelikan erwischte er nie.

Er hatte sich gleich an seinen Namen gewöhnt wie übrigens an viele andere Worte, die für ihn etwas Besonderes bedeuteten. *Zalwit*, zum Beispiel, hieß Pelikan und *Naip* hieß Fisch. Ich sprach jetzt oft mit ihm, indem ich absichtlich diese Wörter gebrauchte. Aber ich gebrauchte auch solche, die er nicht verstand. Ich sprach viel mit ihm wie mit meinesgleichen.

»Rontu«, sagte ich, als ich ihn beim Diebstahl eines Fisches ertappte, den ich mir für mein Abendbrot aufheben wollte, »Rontu, wie kommt es, dass du ein so schöner Hund und gleichzeitig ein Dieb bist?«

Er legte den Kopf von einer Seite auf die andere, obgleich er nur zwei Wörter verstanden hatte, und schaute mich von unten her an.

Ein andermal sagte ich: »Heute ist ein schöner Tag. Ich habe das Meer noch nie so still gesehen und der Himmel ist wie eine blaue Muschel. Wie lange, glaubst du, wird das schöne Wetter andauern?«

Wieder schaute Rontu mich an, als habe er alles verstanden, und dabei hatte er keine Ahnung, wovon ich sprach.

Ich fühlte mich jetzt nicht mehr so einsam. Ja, seit ich Rontu bei mir hatte und mit ihm sprechen konnte, wurde mir erst so richtig bewusst, wie einsam ich vorher gewesen war.

Als Nächstes unternahm ich eine Probefahrt in meinem neuen Kanu: Ich musste wissen, wie es sich im Wasser bewährte und ob die Planken dicht hielten. Ich fuhr mit Rontu um die ganze Insel herum. Es war eine lange Reise, die im Morgengrauen begann und erst spät in der Nacht endete.

Die Küste der Insel besteht aus Buchten und Höhlen. Einige dieser Höhlen sind sehr breit und erstrecken sich bis tief in die Felsen hinein. Eine solche Höhle befand sich auch unter der Klippe, die mein Haus gegen die Küste abschirmte. Der Eingang war schmal, kaum breiter als das Kanu, doch nachdem wir uns hindurchgezwängt hatten, befanden wir uns in einem Raum, der sich nach den Seiten ausdehnte und größer war als der ganze Platz, den ich oben auf dem Felsen bewohnte.

Die schwarzen, glatten Wände wölbten sich hoch über mir. Auch das Wasser war schwarz bis auf eine Stelle, wo Licht durch die Öffnung fiel. Dort schimmerte es golden und man konnte die Fische darin schwimmen sehen. Diese Fische sahen ganz anders aus als die Fische bei den Riffen; sie hatten größere Augen und ihre Flossen flatterten wie loser Tang an ihren Körpern.

Von der Höhle aus gelangte ich in einen zweiten, kleineren Raum. Hier war es so dunkel, dass ich nichts unterscheiden konnte, und ich hörte keinen Laut außer dem sachten Plätschern des Wassers an den Felsen. Der Lärm, den die Wellen draußen am Strand verursachten, drang nicht bis hierher. Ich dachte an den Gott Tumaiyowit, der auf den Gott Mukat zornig geworden und fortgegangen war in eine andere Welt unter dieser Welt, und ich fragte mich, ob er jetzt wohl an einem Ort wie diesem hauste.

Am Ende der Höhle sah ich einen lichten Punkt, nicht größer als meine Hand, und anstatt umzukehren, wie ich eigentlich beabsichtigt hatte, paddelte ich durch einen engen, gewundenen Gang auf den Schimmer zu. Der Gang mündete in eine Höhle, die der ersten ganz ähnlich sah.

An einer Seitenwand bildete der Felsen ein breites Band, das sich durch eine schmale Öffnung bis hinaus ins offene Meer erstreckte. Ich sah gleich, dass es auch bei Flut trocken blieb, da es ziemlich hoch über dem Wasserspiegel lag. Auf diesem Vorsprung konnte ich mein Kanu verstecken. Niemand würde es hier finden. Das Felsenband endete draußen bei der Klippe, auf welcher mein Haus stand. Ich brauchte mir nur einen Pfad vom Haus bis zur Höhle hinunter zu bahnen und dann würde ich das Kanu stets in Reichweite haben.

»Wir haben eine wichtige Entdeckung gemacht«, sagte ich zu Rontu.

Rontu hörte mir nicht zu. Er saß ganz vorn im Kanu und beobachtete einen Teufelsfisch, den er neben dem Höhleneingang gesichtet hatte.

Die Teufelsfische haben kleine Köpfe mit vorspringenden Augen und vielen, vielen Armen. Seit dem frühen Morgen hatte Rontu alles, was sich bewegte – Kormorane, Möwen, Robben –, angebellt, doch jetzt gab er keinen Laut von sich, während er das schwarze Wesen im Wasser beobachtete.

Ich ließ das Kanu treiben und versteckte mich hinter den Seitenwänden des Bootes, bis es Zeit war den Speer zu schleudern.

Der Teufelsfisch schwamm dicht vor uns. Er schwamm langsam und nahe der Wasseroberfläche, indem er alle seine Arme zu gleicher Zeit bewegte. Große Teufelsfische sind gefährlich, wenn man ihnen im Meer begegnet, denn ihre Arme sind so lang wie ein Mann und legen sich sogleich um alles, was sie zu fassen kriegen. Auch haben sie ein riesiges Maul und dort, wo die Arme mit dem Kopf verwachsen sind, einen scharfen Schnabel. Dieser Teufelsfisch war der größte, den ich je gesehen hatte.

Da Rontu vor mir stand und da ich das Kanu in keine bessere Stellung bringen konnte, musste ich mich weit hinausbeugen um den Speer zu werfen. Der Teufelsfisch sah die Bewegung. Sogleich stieß er eine Wolke von schwarzer Flüssigkeit aus, die sich im Wasser ausbreitete und ihn meinen Blicken entzog.

Ich wusste, dass der Teufelsfisch nicht in der Mitte der Wolke bleiben, sondern in ihrem Schutz davonschwimmen würde. Deshalb legte ich den Speer beiseite, ergriff das Paddel und wartete auf den Augenblick, da er wieder zum Vorschein kam. Bald erblickte ich ihn zwei Kanulängen vor mir, doch trotz schnellen Paddelns konnte ich ihn nicht mehr einholen.

»Rontu«, sagte ich, denn Rontu starrte immer noch auf die schwarze Wolke im Wasser, »du hast noch viel zu lernen, wenn du Teufelsfische fangen willst.« Rontu schaute mich nicht an. Seine Verwirrung war groß. Er legte den Kopf erst auf diese, dann auf die andere Seite und ich sah, dass er nicht begreifen konnte, was sich vor seinen Augen zugetragen hatte. Am wenigsten begriff er, weshalb nur klares Wasser übrig blieb, nachdem die schwarze Wolke verschwunden war.

Das Meer enthält keinen größeren Leckerbissen als den Teufelsfisch. Sein Fleisch ist weiß, zart und sehr süß. Es ist jedoch schwierig ihn zu fangen, wenn man nicht den richtigen Speer besitzt. Ich beschloss auf der Stelle mir im Winter, wenn ich genügend Zeit hatte, einen solchen Speer anzufertigen.

Ich lenkte das Kanu in der Korallenbucht in die Nähe der Höhle und zog es auf den Sandstrand, wo ihm die Winterstürme nichts anhaben konnten. Hier würde es in Sicherheit sein, bis ich im Frühling wiederkommen würde um es in der Höhle, die Rontu und ich entdeckt hatten, zu verstecken. Es glitt ganz leicht über das Wasser und die Planken hielten dicht. Darüber freute ich mich sehr.

17

Die Stürme setzten früher als gewöhnlich ein und mit ihnen kam der Regen. Heftige Winde fegten über die Insel. Die Luft war voll Sand. In dieser Zeit nähte ich mir ein neues Kleid, vor allem aber arbeitete ich an dem Speer, mit dem ich den Riesenteufelsfisch fangen wollte.

So, wie ich meinem Vater zugeschaut hatte, wenn er seine Pfeile und Bogen schnitzte, so hatte ich auch gesehen, wie die Männer ihre Fischspeere anfertigten, und dabei doch nichts gelernt. Nun, ich wusste wenigstens, wie ein Speer aussah und wie man damit umging. Aus meinen spärlichen Erinnerungen und nach vielen vergeblichen Versuchen brachte ich meine neue Waffe schließlich zu Stande. Auf dem Hüttenboden sitzend hatte ich unzählige Stunden daran gearbeitet, während Rontu neben mir schlief und die Stürme an dem Dach rüttelten.

Ich besaß noch vier See-Elefanten-Zähne. Drei zerbrachen mir unter den Fingern. Aus dem letzten schnitzte ich einen Speerkopf mit einem Widerhaken an der Spitze. Ich steckte ihn in den steinernen Ring am Schaftende und befestigte daran eine lange Schnur aus geflochtenen Sehnen. Wenn der Speer den Teufelsfisch traf, fiel der Speerkopf aus dem Schaft. Der Schaft trieb auf dem Wasser, aber der spitze Widerhaken blieb im Fisch stecken und ich konnte den Fisch an der Schnur, die ich mir um das Handgelenk gebunden hatte, an Land ziehen. Diese besondere Art von Speer eignete sich gut zum Fischen, da man die Waffe aus großer Entfernung schleudern konnte.

Am ersten Frühlingstag kehrte ich mit meinem neuen Speer in die Korallenbucht zurück. Dass es Frühling war, verrieten mir die kleinen schwarzen Vögel, die schon seit den ersten Morgenstunden durch die Luft schwirrten und die nur in dieser Jahreszeit auf die Insel kamen. Sie kamen aus dem Süden und blieben meist zwei Sonnen lang. Sie suchten in den Schluchten nach Nahrung und dann flogen sie in einem einzigen großen Schwarm weiter nach Norden.

Rontu begleitete mich nicht zur Bucht. Ich hatte ihn aus der Umzäunung gelassen und er war nicht zurückgekommen. Im vergangenen Winter waren die wilden Hunde oft um das Haus gestrichen. Rontu hatte sich nie um sie gekümmert, doch am vergangenen Abend, als sie kamen und wieder verschwanden, war er winselnd am Zaun auf und ab gelaufen. Sein sonderbares Verhalten beunruhigte mich. Und da er jede Nahrung verweigerte, hatte ich ihn schließlich hinausgelassen. Ich schob das Kanu ins Wasser und ließ mich auf das Riff zutreiben, wo die Teufelsfische hausen. Das Wasser war klar wie die Luft über mir. Das Farnkraut in der Tiefe flatterte, als wehte eine Brise darüber hin, und zwischen den Blättern schwammen die Teufelsfische mit schaukelnden Armen.

Es tat gut nach den Winterstürmen wieder auf dem Meer zu sein und ich freute mich über meinen neuen Speer; dennoch musste ich den ganzen Morgen an Rontu denken und deshalb war ich nicht so glücklich, wie ich es hätte sein sollen. Während ich nach dem Riesenteufelsfisch jagte, fragte ich mich ständig, ob Rontu wohl zurückkommen würde oder ob er fortgegangen war um wieder mit den wilden Hunden zu leben. Vielleicht würde er wieder mein Feind sein.

Doch selbst wenn dies geschähe, wenn Rontu wieder mein Feind würde, könnte ich ihn nicht mehr töten, da er doch mein Freund gewesen war.

Als die Sonne am höchsten stand, ruderte ich zurück und versteckte das Kanu in der Höhle, die wir entdeckt hatten, Rontu und ich. Denn die Zeit war gekommen, da die Aleuter wieder in die Korallenbucht einfahren konnten um Otter zu jagen. An Stelle des Riesenfisches hatte ich nur zwei Barsche gefangen. Damit kletterte ich die Klippe empor. Den Plan zwischen der Höhle und meinem Haus einen Pfad auszutreten hatte ich längst aufgegeben. Jeder Fremde, der an dieser Stelle der Küste landete oder sich auf die Bergkuppe verirrte, hätte ihn von weitem gesehen und sogleich gewusst, dass jemand hier wohnte.

Es war eine mühsame Kletterei. Als ich oben ankam, blieb ich eine Weile liegen um Atem zu schöpfen. Die Insel lag still und friedlich in der Frühlingssonne. Das Einzige, was den Frieden störte, war das Kreischen der Möwen, die sich über die fremden kleinen Vögel ärgerten. Dann aber hörte ich plötzlich wütendes Hundegebell. Der Lärm kam von sehr weit her, aus der Richtung der Schlucht, und es schienen viele Hunde zu sein. Ich riss den Bogen von der Schulter und begann zu laufen.

Ich lief den Pfad entlang, der zur Quelle führte. Überall sah ich die Spuren der wilden Hunde und dazwischen die breiten Pfotenabdrücke Rontus. Die Spuren zogen sich durch die Schlucht bis zu den Klippen. Von dort her kam der Kampflärm.

Bogen und Pfeile behinderten mich auf dem schmalen, gewundenen Schluchtenpfad, weshalb ich nur langsam vorwärts kam.

Endlich erreichte ich die Stelle, wo der Pfad am Fuß der Klippe in eine kleine Wiese mündete. Auf dieser Wiese hatten meine Leute einst einen Sommer verbracht. Sie hatten sich dort fast ausschließlich von Muscheln ernährt, deren Schalen mit der Zeit einen ansehnlichen Hügel bildeten. Jetzt war der Muschelhügel mit Gras bewachsen und da und dort wucherte ein Kraut mit fleischigen Blättern, das wir *Gnapan* nennen. Auf der Spitze des Hügels, zwischen den Gräsern und *Gnapan*-Kräutern, stand Rontu, den Rücken der Küste zugewendet. Die wilden Hunde bildeten einen Halbkreis um ihn. Erst dachte ich, das Rudel habe ihn gegen die Klippe gedrängt und werde nun von allen Seiten über ihn herfallen, doch dann erblickte ich die beiden Hunde, die zwischen Rontu und dem Rudel standen, und ich sah das Blut an ihren Schnauzen.

Einer der beiden Hunde musste der neue Anführer des Rudels sein. Er hatte Rontus Nachfolge angetreten, nachdem dieser zum Feind übergelaufen war. Der Feind war ich.

Den anderen Hund hatte ich noch nie gesehen. Sein Fell war scheckig braun.

Der Kampf fand zwischen Rontu und diesen beiden Hunden statt. Die anderen warteten, bis sie über den Besiegten herfallen konnten. Das Pack vollführte einen solchen Lärm, dass es mich nicht kommen hörte und mich auch nicht sah, als ich am Rand der Wiese stehen blieb. Bellend hockten die Hunde im Kreis, die Blicke unverwandt auf die Kämpfenden gerichtet. Und doch musste Rontu meine Nähe gespürt haben, denn ein paar Mal hob er witternd den Kopf.

Die beiden Hunde liefen am Fuß des Hügels auf

und ab ohne Rontu aus den Augen zu lassen. Ich vermutete, dass der Kampf oben an der Quelle begonnen und dass die wilden Hunde Rontu bis hierher gehetzt hatten, wo er sich ihnen stellte.

Hinter Rontu ragte der Küstenfelsen empor. Da sie ihm von dieser Seite nicht beikommen konnten, versuchten sie es auf andere Weise. Für Rontu wäre es ein aussichtsloser Kampf gewesen, wenn seine beiden Feinde ihn gleichzeitig von hinten und von vorn hätten angreifen können. Er schien dies gewusst und den Platz mit Bedacht ausgesucht zu haben.

Er rührte sich nicht von der Stelle. Dann und wann senkte er den Kopf um eine Wunde an seinem Bein zu lecken, doch auch während er dies tat, behielt er seine beiden Gegner scharf im Auge.

Ich hätte Rontus Angreifer mit Pfeilen töten können, sie waren mir nahe genug. Ich hätte das ganze Rudel verjagen können. Aber ich tat nichts dergleichen. Ich stand hinter einem Busch und schaute gespannt zu. Dies war ein Kampf zwischen den wilden Hunden und Rontu. Wenn ich jetzt dazwischentrat, würden sie bestimmt ein andermal auf ihn losgehen, an einem Platz, der für ihn vielleicht weniger günstig war.

Wieder leckte Rontu seine Wunde und dabei schien er die beiden Hunde für kurze Zeit vergessen zu haben. Sie taten erst, als merkten sie es nicht. Ich ahnte jedoch gleich, dass dies nur eine Finte war, und ich täuschte mich nicht, denn plötzlich schnellten sie herum und sprangen mit zurückgelegten Ohren und entblößtem Gebiss von beiden Seiten des Hügels auf Rontu los.

Rontu wartete den Angriff nicht erst ab. Mit einem Satz warf er sich herum und schnappte mit gesenktem Kopf nach dem Vorderbein seines ersten Gegners. Das Rudel war verstummt. In der Stille hörte ich das Geräusch zersplitternder Knochen und dann wich der erste Angreifer auf drei Beinen humpelnd zurück.

Inzwischen aber hatte auch der scheckige Hund die Anhöhe erreicht. Rontu ließ von dem verwundeten Gegner ab und drehte sich um. Aber er war nicht schnell genug um dem ersten Anprall auszuweichen. Spitze Zähne gruben sich erst in seine Kehle, dann in seine Flanke, und er stürzte zu Boden.

Ohne zu wissen, was ich tat, legte ich einen Pfeil an die Bogensehne. Rontu lag im Gras, von seinem Gegner bewacht, während das Rudel sich langsam in Bewegung setzte. Drei Schritte trennten Rontu von seinem Angreifer und ich konnte dem Kampf ein Ende machen, noch ehe ihm weitere Wunden zugefügt wurden und das Rudel sich auf ihn stürzte.

Doch auch jetzt schoss ich den Pfeil nicht ab.

Der gefleckte Hund setzte von neuem zum Sprung an. Diesmal warf er sich von hinten auf Rontu.

Rontu lag noch immer mit angezogenen Pfoten im Gras und ich fürchtete schon, er habe den Angriff nicht kommen sehen, doch im gleichen Augenblick schnellte er hoch und packte den anderen Hund an der Gurgel. Beide rollten in einem Knäuel den Abhang hinunter. Rontu ließ nicht locker. Das Rudel bewegte sich unruhig im Gras.

Bald kam Rontu wieder auf den Füßen zu stehen. Den gefleckten Hund ließ er liegen. Er richtete sich auf und schritt bedächtig den Hügel hinan. Oben blieb er stehen, legte den Kopf in den Nacken und ließ ein lang gezogenes Geheul ertönen. Ich hatte diesen Laut noch nie vernommen. Es klang nach vielen Dingen, die mir unbegreiflich waren.

Später lief er an mir vorbei die Schlucht hinauf. Als ich nach Hause kam, wartete er dort auf mich, als wäre er nie fort gewesen und als wäre nichts geschehen. Danach ging Rontu nie mehr fort, solange er lebte, und die wilden Hunde, die sich seit jenem Tag aus irgendeinem Grunde in zwei Rudel aufgespalten hatten, wagten sich nie mehr bis zu meinem Hause vor.

18

Nach den heftigen Winterregen kam der Frühling mit einer Fülle von Blumen. Die Dünen waren von Sandblumen bedeckt, roten Blüten mit winzigen weißen oder rosafarbenen Augen. Zwischen den Felsblöcken in der Schlucht blühten die hohen Yuccastengel. Auf ihren Köpfen ringelten sich Bälle, blassgelb wie

die aufgehende Sonne und nicht größer als Kieselsteine. Lupinen wuchsen an den Ufern der Bäche und
aus den übersonnten Klippen, aus Ritzen, die ihnen
kaum genügend Halt boten, ließen Komulsträucher
ganze Bäche aus roten und gelben Blüten rieseln.

Auch Vögel und Insekten gab es in großer Zahl.
Ich sah viele Hummeln, die bisweilen ganz still in der
Luft hängen und wie blanke Steine glänzen und den
Honig mit langen Rüsseln aus den Blumen saugen.
Oft sah ich blaue Häher, streitsüchtig wie immer, und
schwarzweiße Spechte, die in die Yuccastengel und in
die Balken meiner Hütte, ja sogar in die Walrippen
meines Zauns ihre Löcher pickten. Auch rot gefie-
derte Amseln kamen aus dem Süden geflogen, Scharen von Krähen und ein gelber Vogel mit einem
scharlachroten Kopf, den ich noch nie gesehen hatte.

Ein Vogelpaar nistete sich in einem verkrüppelten
Baum neben meiner Hütte ein. Sein Nest bestand aus
Fasern vom Yuccastrauch. Oben hatte es ein kleines
Loch und hing wie ein Beutel am Ast. Das Vogel-
weibchen legte zwei gesprenkelte Eier, die es gemein-
sam mit dem Männchen ausbrütete. Als die Jungen
ausgeschlüpft waren, legte ich Abalonereste unter
den Baum, mit denen die Mutter ihre Brut fütterte.

Die jungen Vögel glichen weder ihrer Mutter noch
ihrem Vater. Sie waren grau und sehr hässlich. Dennoch nahm ich sie aus dem Nest und steckte sie in
einen kleinen Käfig, den ich aus Schilfrohr angefertigt
hatte. So gewann ich zwei neue Freunde, die mir Ge-
sellschaft leisteten, nachdem zu Beginn des Sommers

alle Vögel außer den Krähen die Insel verlassen hatten und weiter nach Norden gezogen waren.

Sie bekamen bald ein sehr schönes Gefieder, genau wie ihre Eltern, und sie piepsten auch auf die gleiche Art. Es war ein sanftes »Riiip, Riiip«, sehr klar und viel hübscher als das Kreischen der Möwen oder der Krähen oder das Geschwätz der Pelikane, das sich anhört wie das Schimpfen zahnloser alter Männer.

Gegen Mitte des Sommers war der Käfig für meine zwei Vögel zu klein geworden. Ich fertigte jedoch keinen größeren an, vielmehr schnitt ich beiden je eine Flügelspitze ab, damit sie nicht fortfliegen konnten, und ließ sie dann frei im Haus umherflattern. Bis die Flügelspitzen nachgewachsen waren, hatten sie gelernt mir aus der Hand zu fressen. Sie ließen sich vom Dachbalken herunterfallen, klammerten sich an meinem Arm fest und piepsten bettelnd ihr *Riiip, Riiip*. Später stutzte ich ihnen ein zweites Mal die Flügel. Dann trug ich sie vors Haus, wo sie hopsend nach Würmern und Körnern suchten oder sich auf Rontus Rücken setzten um zu schlafen. Rontu ließ es sich gefallen. Er hatte sich rasch an die neuen Gäste gewöhnt. Als ihre Flügel wieder nachgewachsen waren, ließ ich sie fliegen, wohin sie wollten. Sie flogen jedoch nie weiter als bis zur Schlucht und kehrten jeden Abend zum Schlafen ins Haus zurück. Und sie hörten nie auf um Futter zu betteln, mochten sie tagsüber noch so viel gefressen haben.

Den größeren der beiden Vögel nannte ich Tainor. Es war der Name eines jungen Mannes, den ich gern

gehabt hatte und der im Kampf mit den Aleutern gefallen war. Dem anderen gab ich den Namen Lurai,
weil ich schon immer Lurai hatte heißen wollen und
nicht Karana.

In dieser Zeit entstand mein neues Kleid. Ich nähte
es mir wieder aus Yuccafasern wie das erste, nur
weichte ich die Fasern diesmal im Wasser vor und
flocht sie zu Bändern. Das Kleid hatte Falten von
oben bis unten. Es war an den Seiten offen und
reichte mir bis zu den Knien. Den Gürtel schnitt ich
aus weichem Seehundfell; vorn band ich ihn zu einer
Schleife. Ich schnitt mir auch ein Paar Sandalen aus
Seehundfell, in denen ich über die Dünen wandern
konnte, wenn die Sonne heiß auf den Sand niederbrannte. Sie passten gut zu meinem Yuccafasernrock.
Oft zog ich mir das Kleid und die Sandalen an um mit
Rontu auf den Klippen spazieren zu gehen. Wenn
mich die Lust ankam, flocht ich mir einen Kranz aus
Sandblumen und setzte ihn mir aufs Haar. Nach dem
Tode unserer Männer hatten sich alle Frauen unseres
Stammes zum Zeichen der Trauer das Haar abge-
sengt. Auch ich hatte mein Haar über den brennenden Span gehalten, bis nur noch kurze Büschel übrig
geblieben waren. Jetzt aber war es nachgewachsen
und reichte mir wieder bis zum Gürtel. Ich trug es in
der Mitte gescheitelt und lose nach hinten gekämmt,
aber wenn ich mir den Kranz aufsetzte, flocht ich es
zu Zöpfen, die ich mit langen Nadeln aus Walfischbein im Nacken befestigte.

Ich hängte auch Rontu einen Kranz um den Nacken, obwohl er sich dagegen sträubte. Und so spazierten wir auf den Klippen und es war eine glückliche Zeit. Das Schiff der weißen Männer kam auch in diesem Frühjahr nicht, aber die Luft roch nach Blumen und Vögel sangen überall.

19

Mittlerweile war es Sommer geworden und noch immer hatte ich den Teufelsfisch nicht fangen können.

Tag für Tag gingen Rontu und ich zur Höhle um ihm aufzulauern. Ich schob das Kanu ins Wasser und paddelte langsam von einer Öffnung zur anderen, bisweilen mehrere Male. Dort, wo das schwarze Wasser vom Tageslicht erhellt wurde, tummelten sich viele Teufelsfische, aber der große war nicht darunter. Des Wartens müde gab ich die Suche auf und begann Abalone für den Winter zu sammeln. Die roten Schalen enthalten das süßeste Fleisch. Diese Sorte eignet sich auch am besten zum Trocknen. Aber die grünen und die schwarzen Muscheln schmecken nicht minder gut. Auf das Fleisch der roten Abalone ist der Sternfisch besonders erpicht. Dieses sternförmige Tier lässt sich auf der Abalone nieder, stemmt seine fünf Arme gegen den Stein, an welchem die Abalone klebt, zieht die Schale mit seinen Saugnäpfen an sich und richtet sich langsam auf, indem es mit den Beinen nachhilft, bis die schwere Schale sich vom Muschelkörper löst. Das dauert manchmal mehrere Tage.

Eines Morgens paddelten wir zum Riff hinaus, das unter Wasser mit dem Festland verbunden ist.

Ich hatte seit vielen Tagen in der Korallenbucht nach Schalentieren gesucht, dabei aber immer das Riff im Auge behalten um den richtigen Zeitpunkt für die Ernte nicht zu versäumen. Dieser Augenblick kommt, wenn sich nur noch wenige Sternfische blicken lassen, denn solange sie in Scharen über die Abalone herfallen, kann man nicht viel ausrichten. Es ist viel mühsamer einen Sternfisch von einer Abalone loszureißen als eine Abalone von einem Stein zu lösen.

Es war Ebbe und das Riff ragte hoch aus dem Wasser. Eine Menge roter Abalone klebte an den nassen Felsen, doch Sternfische waren fast keine zu sehen, und so konnte ich das Kanu füllen, ehe die Sonne zu heiß herniederbrannte.

Der Tag war windstill. Nachdem ich so viele Abalone gesammelt hatte, wie ich zu tragen vermochte, machte ich das Kanu am Riff fest und kletterte mit Rontu auf die gezackten Felsen um nach Fischen für unser Abendbrot Ausschau zu halten.

Jenseits der Salzkrautbänke schlugen blaue Delphine ihre Purzelbäume. Auf den Bänken selbst trieben die unermüdlichen Otter ihre Späße. Und rings um mich her jagten die Möwen nach Kamm-Muscheln, von denen es in diesem Sommer erstaunlich viele gab. Die Kamm-Muscheln wachsen auf den schwimmenden Salzkrautblättern. Sie waren so zahlreich, dass sich das Salzkraut längs des Riffs unter ihrem Gewicht bis auf den Meeresgrund bog. Daneben blieben jedoch genügend Muscheln an Stellen übrig, wo die Möwen sie aufpicken konnten. Die Möwen nahmen die Muscheln in ihre Schnäbel, flogen damit hoch über das Riff und ließen sie auf die Felszacken fallen. Dann stürzten sie hinter ihrer Beute her und pickten das Fleisch aus den zerbrochenen Muschelschalen.

Es regnete geradezu von Kamm-Muscheln. Ich hatte meinen Spaß daran, aber Rontu knurrte. Er wurde nicht klug aus dem Treiben der Möwen und das ärgerte ihn. Unter dem Muschelregen lief ich geduckt bis ans Ende des Riffs, wo sich die großen Fische aufhalten. Mit einer Sehnenschnur und einem Haken aus Abaloneschalen fing ich zwei Fische. Sie hatten große Köpfe und lange Zähne und gehörten einer besonders schmackhaften Sorte an. Einen davon gab ich Rontu. Auf dem Rückweg zum Kanu fing ich auch ein paar rote Seeigel, die ich zum Färben verwenden wollte.

Rontu trabte vor mir über das Riff. Plötzlich sah ich, wie er seinen Fisch fallen ließ, stehen blieb und über den Felsrand hinunter ins Wasser starrte.

Das Wasser war an dieser Stelle ganz klar. In der

Mitte schwamm ein Teufelsfisch: Es war der Fisch, auf den ich schon so lange gewartet hatte. Der Riesenteufelsfisch.

Die Teufelsfische verirrten sich selten auf diese Seite des Riffs, denn hier war das Wasser seicht und sie liebten die Tiefe. Ich vermutete, dass der Riesenfisch für gewöhnlich in der Höhle blieb und nur hierher schwamm, wenn er woanders keine Nahrung fand.

Rontu gab keinen Laut von sich. Ich befestigte den Speerkopf am Schaft und band mir die lange Schnur ums Handgelenk. Dann kroch ich auf allen vieren bis zum Rand des Riffs.

Der Riese war noch da. Er schwamm dicht unter der Wasseroberfläche und ich konnte deutlich seine Augen sehen. Sie waren wie kleine Kieselsteine und sie quollen ihm beinahe aus dem Kopf. Sie hatten schwarze Ränder, goldene Augäpfel und in der Mitte einen schwarzen Punkt. Sie erinnerten mich an die Augen eines Geistes, den ich eines Nachts gesehen hatte, als es regnete und der Blitz den Himmel spaltete.

Gerade unter meinen Händen öffnete sich eine tiefe Spalte und zuunterst in der Spalte bewegte sich ein Fisch.

Der Teufelsfisch befand sich etwa eine halbe Speerlänge vom Riff entfernt. Ich sah, wie einer seiner langen Arme wie eine Schlange vorschnellte und suchend durch die Felsspalte tastete. Der Arm bewegte sich am Fisch vorbei auf die Wand zu, berührte diese mit der Spitze und glitt wieder zurück. Im Augenblick, da er sich von hinten um den Fisch legte, erhob ich mich auf ein Knie und warf den Speer.

Ich hatte nach dem Kopf des Riesen gezielt, denn er war groß, größer als meine beiden Fische zusammengenommen, und bot ein gutes Ziel für meinen Speer. Aber ich verfehlte ihn. Der Speer schwirrte ins Wasser und glitt seitlich ab. Sofort umgab sich der Teufelsfisch mit einer schwarzen Wolke. Das Einzige, was ich noch von ihm sah, war der lange Arm, der seine Beute umklammerte.

Ich sprang auf die Füße um den Speer an der Schnur hereinzuholen, da ich es ein zweites Mal versuchen wollte. Aber als ich an der Schnur zog, tauchte nur der Schaft an die Oberfläche; die gekrümmte Spitze steckte nicht mehr im Ring.

Dann straffte sich mit einem Mal die Schnur und glitt mir mit einem Ruck aus der Hand. Ich hatte den Teufelsfisch also doch erwischt.

Schnell ließ ich die losen Schlingen, die ich noch hielt, fallen, denn wenn die Schnur zu schnell abrollt, verbrennt sie einem die Hand oder sie verheddert sich.

Der Teufelsfisch schwimmt nicht wie andere Meerestiere mit den Flossen. Er nimmt durch ein Loch vorn am Körper Wasser auf und stößt es hinten durch zwei Schlitze wieder aus. Wenn er langsam schwimmt, kann man diesen doppelten Wasserstrahl aus seinem Körper fluten sehen; bewegt er sich dagegen schnell, so sieht man nichts als einen glitzernden Streifen.

Die Schlingen hüpften und sirrten auf dem Felsen,

während die Schnur abrollte. Plötzlich waren sie nicht mehr da. Das Schnurende an meinem Handgelenk spannte sich. Um den Ruck abzufangen, sprang ich über die Felsenspalte und lief ein Stück weit in der Richtung, wo ich den Riesenfisch vermutete. Die Schnur jetzt mit beiden Händen packend, stemmte ich die Füße gegen den glitschigen Felsen und lehnte mich zurück.

Ich spürte das federnde Gewicht des Teufelsfisches am anderen Ende. Die Schnur war jetzt so gespannt, dass ich fürchtete, sie würde zerreißen; um sie etwas zu lockern tat ich ein paar Schritte vorwärts. Ich würde mich vom Riesenfisch so lange und so weit wie möglich ziehen lassen, damit er rasch ermüdete.

Er schwamm den Rand der Klippe entlang auf die Höhle zu. Bis zum Eingang war es noch ein gutes Stück Weges, doch wenn er ihn erreichte, würde er mir entwischen. Das Kanu lag unmittelbar vor mir auf dem Wasser. Saß ich erst einmal darin, dann konnte mich der Teufelsfisch ziehen, bis ihm der Atem ausging. Ich sah jedoch keine Möglichkeit das Kanu loszubinden und gleichzeitig die Schnur festzuhalten. Rontu lief die ganze Zeit auf und ab oder sprang bellend an mir hoch, was meine Aufgabe nicht eben erleichterte.

Schritt um Schritt ließ ich mich ziehen, bis der Teufelsfisch im tiefen Wasser vor der Höhle angelangt war. Er war jetzt dem Eingang so nahe, dass ich stehen bleiben musste, selbst auf die Gefahr hin, dass die Leine riss und ich ihn verlor. Ich nahm meine ganze Kraft zusammen, stemmte die Füße gegen einen Stein und blieb, nach hinten gelehnt, stehen. Tropfen spritzten von der Schnur. Sie war jetzt aufs Äußerste gespannt, ich konnte sie geradezu ächzen hören und ich war überzeugt, dass sie im nächsten Augenblick reißen würde. Blut tropfte von meinen Händen, aber ich spürte nichts. Plötzlich ließ die Spannung nach. Ich dachte schon, der Fisch sei entwischt, als die Schnur unvermutet einen weiten Bogen ins Wasser schnitt. Der Fisch hatte sich wieder von der Höhle entfernt. Er schwamm jetzt auf ein paar Felsblöcke zu, die etwa zwei Schnurlängen weiter westlich aus dem Wasser ragten. Dort hoffte er in Sicherheit zu sein, denn zwischen den Blöcken gab es viele Stellen, wo er sich verstecken konnte.

Während er sich auf die Felsen zubewegte, zog ich die Schnur zur Hälfte herein; ich musste sie jedoch bald wieder loslassen, da sie sich von neuem zu strecken begann. Das Wasser war hier nicht sehr tief, es würde mir kaum bis zu den Hüften reichen. Ich kletterte vom Riff herunter.

In der Nähe der Felsblöcke befand sich eine Sandbank. Vorsichtig die Löcher im seichten Grund umgehend, hielt ich darauf zu. Rontu schwamm neben mir her.

Ich erreichte die Sandbank, bevor der Teufelsfisch sich zwischen den Felsblöcken verstecken konnte. Die Schnur hielt seinem Gewicht stand und er schwamm in einem Bogen wieder auf die Höhle zu.

Dies tat er noch zweimal. Jedes Mal holte ich die Leine ein Stück weit herein.

Als er zum dritten Mal im seichten Wasser auftauchte, schritt ich rückwärts auf die andere Seite der Sandbank, damit er mich nicht sah, und zog mit aller Kraft an der Schnur.

Bäuchlings glitt der Riese auf den Sand. Er lag mit ausgebreiteten Armen halb im Wasser, halb auf festem Grund, und ich glaubte, er sei tot. Dann sah ich, wie seine Augen sich bewegten. Rontu war über ihm, ehe ich einen Warnruf ausstoßen konnte. Er packte ihn irgendwo mit den Zähnen, doch der Teufelsfisch war kein Ding, das man einfach vom Boden aufheben und schütteln konnte. Während Rontu einen besseren Halt für seine Zähne suchte, wanden sich drei lange Arme um seinen Nacken.

Die Teufelsfische sind nur im Wasser gefährlich. Ihre vielen Arme sind an der Unterseite mit langen Reihen von Saugnäpfen versehen und damit können sie einen unter Wasser ziehen und dort festhalten, bis man ertrinkt. Aber auch an Land kann einem der Teufelsfisch üble Wunden zufügen, denn er ist ungemein stark und stirbt nicht schnell.

Mit den Armen wild um sich schlagend, versuchte der Riese ins Wasser zurückzugleiten. Bei jedem Ruck zerrte er Rontu mit sich. Mit der Schnur konnte ich jetzt nichts mehr anfangen, da Rontus Beine sich darin verstrickt hatten. An meinem Gürtel hing noch das Messer aus Walfischbein, mit welchem ich die Abalone von den Steinen schnitt. Vorn war es stumpf, aber es hatte eine scharfe Schneide. Ich ließ die Schlingen meiner Leine fallen und band das Messer im Laufen los.

Ich lief am Teufelsfisch vorbei ins Wasser um ihm den Rückzug abzuschneiden. Einer seiner fuchtelnden Arme traf mich am Bein. Es brannte wie ein Peitschenhieb. Ein anderer Arm, den Rontu abgebissen hatte, wand sich am Rand des Wassers, als suchte er nach einem Halt.

Der Kopf ragte wie ein riesiger Stengel aus dem Gewirr der zuckenden Glieder. Die goldenen Augen starrten mich aus ihren schwarzen Rändern an. Sein Schnabel, der schärfer war als das Messer in meiner Hand, klappte auf und zu und dieses Geräusch übertönte das Klatschen und Tosen der Wellen und Rontus wütendes Gebell.

Ich bückte mich und stieß ihm das Messer in den Leib. Fast im gleichen Augenblick war mir, als saugten sich unzählige Blutegel an meiner Haut fest. Ein Glück, dass ich eine Hand frei hatte, die Hand, die das Messer hielt. Damit stieß ich zu. Blindlings stach ich auf die zähe Haut des Riesen ein. Nach einer Weile lockerte sich der Druck der Saugnäpfe, die sich an mir festklammerten und mir große Schmerzen bereiteten. Die Arme begannen zu ermatten und sanken, einer nach dem anderen, kraftlos zu Boden.

Meine Kräfte reichten nicht mehr aus um den Teufelsfisch aus dem Wasser zu zerren. Auch das Kanu ließ ich liegen, wo es war. Ich nahm nur den Schaft und den Speerkopf mit, der mich so viel Arbeit gekostet hatte. Es wurde Nacht, ehe Rontu und ich das Haus erreicht hatten.

Rontus Schnauze war vom Schnabel des Riesen aufgerissen. Ich selbst hatte am ganzen Körper Schnittwunden und blaue Flecken.

In jenem Sommer begegnete ich noch zwei Riesenteufelsfischen auf meinen Fahrten zum Riff, doch die Lust diese Ungetüme zu töten war mir vergangen.

20

Zwei Kanuladungen Abalone, hauptsächlich rote, brachte ich danach noch an Land. Ich säuberte sie und trug sie zum Haus hinauf. An der Südseite des Zauns, wo die Sonne am längsten schien, errichtete ich aus Zweigen lange Gestelle, auf denen ich das Muschelfleisch zum Trocknen ausbreitete. In frischem Zustand ist eine Abalone größer als eine Menschenhand und fast zweimal so dick, aber an der Sonne schrumpft sie zusammen. Um einen Winter lang davon leben zu können, muss man daher eine sehr große Anzahl Muscheln trocknen lassen.

Früher, als die Insel noch bewohnt war, mussten Kinder die Möwen von den Abalonen verscheuchen, denn diese fressen nichts lieber als das Abalonefleisch. Wenn man nicht scharf aufpasste, konnten sie an einem einzigen Morgen die Ernte eines ganzen Mondes stehlen.

Zuerst ließ ich Rontu als Wächter zurück, wenn ich zur Quelle oder in die Bucht ging. Doch dies behagte ihm nicht. Er heulte die ganze Zeit, während ich fort war. Darauf band ich ein paar Abaloneschalen mit Schnüren zusammen und hängte sie an den Zaunpfählen auf. Dort pendelten sie im Wind hin und her und warfen Blitze nach allen Seiten, wenn sich das Sonnenlicht in ihren blanken Innenflächen verfing. So brauchte ich die Möwen nicht mehr zu fürchten.

Ich dörrte auch kleine Fische, die ich mit einem Netz aus Salzkrautgeflecht fing. Sie sollten mir im Winter als Lampen dienen.

Mit dem Muschelfleisch, das auf den Gestellen trocknete, und den Schalen, die sich glitzernd im Wind drehten, und den Reihen von kleinen Fischen, die zum Dörren am Zaun hingen, sah der Platz vor meiner Hütte fast wie ein Dorfplatz aus. Ein Fremder hätte hier wohl einen ganzen Stamm vermutet anstatt nur ein Mädchen und einen Hund.

Jeden Morgen fuhr ich mit Rontu aufs Meer, nachdem ich neue Vorräte für den Winter beiseite geschafft hatte. Gegen Ende des Sommers würde ich Wurzeln und Samenkörner sammeln müssen, doch bis dahin durfte ich mir eine Ruhepause leisten.

Wir unternahmen viele Ausflüge in diesen Sommertagen. Wir fuhren zur Bucht, wo die See-Elefanten hausten, oder zur Schwarzen Höhle, die noch größer war als die Höhle, wo ich mein Kanu versteckte, oder hinaus zum Hohen Felsen, wo die Kormorane nisteten.

Der Hohe Felsen war etwa eine Meile von der Insel entfernt. Bisweilen schimmerte er schwarz von den vielen Kormoranen, die sich dort niederließen. Das erste Mal, als wir hinfuhren, tötete ich zehn Vögel. Ich häutete sie, nahm sie aus und hängte die Häute zum Trocknen auf, denn ich hatte die Absicht mir eines Tages einen Rock aus Kormoranfedern zu nähen.

Die Schwarze Höhle befand sich an der südlichen Küste der Insel, nahe der Stelle, wo meine Leute die Kanus versteckt hatten. Vor der Höhle ragte eine hohe, von Salzkrautbänken umgebene Felswand aus dem Meer und ich wäre achtlos daran vorbeigepaddelt, hätte ich nicht den Seefalken gesehen, der just in diesem Augenblick hinter dem Felsen hervorkam und davonflatterte. Die Sonne stand schon im Westen und ich hatte einen langen Heimweg vor mir, aber der Seefalke hatte meine Neugier erregt. Ich wollte wissen, woher er gekommen war.

Die Öffnung war so klein wie der Höhleneingang unterhalb meines Hauses und Rontu und ich mussten uns bücken, als wir hindurchfuhren. Von draußen drang spärliches Licht herein. Wir befanden uns in einem Raum mit feucht glänzenden schwarzen Wänden und einer hohen, gewölbten Decke. Gegenüber erblickte ich eine zweite Öffnung. Dahinter lag ein langer, stockfinsterer Gang. Ich folgte ihm bis in den nächsten Raum, der größer als der erste und von einem Lichtstrahl erhellt war. Das Licht kam von der Sonne; es fiel durch einen gezackten Riss in der Decke. Rontu bellte, als er den Lichtschein und die huschenden Schatten an den Wänden sah. Dann begann er zu heulen. Sein Geheul brach sich an den Felsen, so dass es klang wie der mörderische Lärm eines Hunderudels.

Ein Schauer lief mir über den Rücken.

»Sei still!«, rief ich, Rontu bei der Schnauze packend. Meine Stimme hallte hundertfach in dem großen Raum wider.

Eilig wendete ich das Kanu und paddelte zurück. Dabei fiel mein Blick auf einen breiten Felsvorsprung, der sich über dem Höhleneingang von einer Seite des Raums bis zur anderen erstreckte. Auf dem Felsvorsprung gewahrte ich eine Reihe seltsamer Gestalten. Es mochten gegen zwei Dutzend sein und sie lehnten steif an der schwarzen Wand. Sie hatten alle ungefähr meine Größe. Ihre Arme und Beine waren lang und an ihren kurzen Leibern, die, wie ich bemerkte, aus Schilfrohr bestanden, hingen Kleider aus Möwenfedern. In ihren Köpfen steckten runde oder ovale Muschelscheiben, doch außer diesen Augen waren die Gesichter leer. Die Augen glitzerten mich an. Sie bewegten sich mit dem Licht auf dem Wasser, das sich in ihnen spiegelte. Sie waren lebendiger als die Augen lebender Menschen.

In der Mitte der Gruppe saß eine einzelne Gestalt, ein Skelett. Es saß mit hochgezogenen Knien an der Wand und in den Fingern, die es zum Mund erhoben hatte, hielt es eine Flöte aus Pelikanknochen. Es gab noch andere Dinge da oben auf dem Felsenband, in den Schatten zwischen den stehenden Gestalten, doch ich konnte nicht erkennen, was es war, weil mein Kanu in den Raum zurücktrieb. Als ich wieder auf die Öffnung zusteuerte, sah ich zu meiner Überraschung, dass sie sich inzwischen merklich verengt hatte. Jäh fiel mir die Flut ein. Wir waren bei Ebbe hereingerudert und jetzt konnten wir nicht mehr hinaus. Wir waren in der Höhle gefangen, bis das Wasser wieder sank, eine halbe Nacht lang.

Ich paddelte ans andere Ende der Höhle zurück ohne mich nach den Gestalten auf dem Felsenband und ihren glitzernden Augen umzusehen. Am Boden des Kanus liegend beobachtete ich das sanfte Erlöschen des Lichtes über mir. Der Höhlenausgang wurde zusehends kleiner, bis er schließlich ganz verschwand. Die Nacht brach an. Durch den Riss in der Höhlendecke schimmerte ein Stern.

Der Stern entschwand meinen Blicken und ein anderer trat an seine Stelle. Die Flut hob das Kanu immer höher und das Plätschern des Wassers an den Wänden klang wie sanftes Flötenspiel. Die Flöte spielte die ganze Nacht. Ich fand nicht viel Schlaf. Meine Augen folgten den stetig wechselnden Sternen jenseits des Deckenspaltes, während ich an das Skelett dachte, das auf dem Felsen saß und auf seiner Flöte spielte. Ich wusste, dass es einer unserer Vorfahren war. Auch die anderen, die mit den glitzernden Augen, gehörten zu uns, wenngleich sie nur Abbilder unserer Toten waren. Doch trotz dieser beruhigenden Gedanken fürchtete ich mich so sehr, dass ich nicht schlafen konnte.

In der ersten Morgendämmerung, als die Ebbe einsetzte, verließen wir die Höhle. Ich warf keinen Blick auf die stillen Gestalten oder auf den Flötenspieler, der für sie spielte. So schnell wie möglich paddelte ich hinaus in die morgenfrische See ohne mich ein einziges Mal umzusehen.

»Diese Höhle muss einst einen Namen gehabt haben«, sagte ich zu Rontu, der sichtlich froh war dem düsteren Gefängnis entronnen zu sein. »Ich erinnere mich aber nicht ihn je gehört zu haben. Niemand hat mir von dieser Höhle erzählt. Wir wollen sie die Schwarze Höhle nennen und kein einziges Mal, solange wir leben, dorthin zurückkehren.«

Nach jeder Fahrt zum Hohen Felsen versteckte ich das Kanu in der Höhle unter meinem Haus. Es war ein hartes Stück Arbeit, doch selbst wenn ich am nächsten Tag wieder auszufahren gedachte, zog ich das Kanu jeden Abend aus dem Wasser und stieß und zerrte es auf den Felsvorsprung, wo keiner es sehen konnte.

Zwei Sommer waren gekommen und wieder gegangen und die Aleüter hatten sich nicht blicken lassen. Dennoch hielt ich mich ständig zur Flucht bereit. In der Frühe, wenn Rontu und ich über die Klippen wanderten, suchte ich den Ozean nach ihren roten Segeln ab. Die Sommerluft war klar und ich konnte viele Meilen weit sehen. Und wohin wir auch fuhren, nie entfernte ich mich länger als einen halben Tag von der Insel. Auf dem Rückweg hielt ich mich dicht an der Küste und achtete auf alles, was um mich her vorging.

Die Alëuter kamen an dem Tag, da wir von unserem letzten Ausflug zum Hohen Felsen zurückkehrten.

Ich hatte das Kanu wie immer in der Höhle versteckt und war mit zehn Kormoranhäuten auf dem Rücken die Klippe emporgeklettert. Oben blieb ich eine Weile stehen um zu verschnaufen. Auf dem Meer schwebten kleine Wolken. Eine davon, die kleinste, schien anders zu sein als die anderen, und als ich sie eine Zeit lang beobachtet hatte, wusste ich, dass es ein Schiff war.

Die Abendsonne blendete mich, doch trotz der rot glühenden Leitern, die ihr Widerschein in das gekräuselte Wasser malte, konnte ich alles deutlich sehen. Ich sah zwei Segel und es war ein Schiff, das auf die Insel zukam. Da ich die Farbe der Segel nicht gleich erkennen konnte, kam mir der Gedanke, es könne vielleicht das Schiff der weißen Männer sein. Ich hatte in letzter Zeit selten an sie gedacht und kaum mehr nach ihnen ausgeschaut.

Ich hängte die Kormorane an den Zaun und eilte auf die Bergkuppe. Vom Felsblock aus sah ich jedoch fast nichts, da die Sonne jetzt ganz tief stand und das Meer in funkelndes Licht tauchte. Dann fiel mir ein, dass das Schiff der weißen Männer von Osten her kommen würde. Dieses hier kam aus einer anderen Richtung. Es kam aus dem Norden.

Obgleich ich noch immer nicht sicher war, dass es den Aleutern gehörte, beschloss ich die Dinge zu packen, die ich in die Höhle am Schluchtenbach mitnehmen wollte. Es waren eine ganze Menge: meine zwei Vögel, mein neues Kleid, die Steinwerkzeuge, meine Halsperlen und Ohrringe, die Kormoranfedern und alle meine Körbe und Waffen. Da die Abalone noch nicht trocken waren, musste ich sie zurücklassen.

Nachdem ich alles gepackt und neben dem Loch unter dem Zaun bereitgestellt hatte, kehrte ich auf die Bergkuppe zurück. Ich legte mich bäuchlings auf den großen Stein um von unten nicht gesehen zu werden und spähte nach Norden. Ich fand das Schiff nicht gleich. Dann erkannte ich, dass es schneller fuhr, als ich gedacht hatte. Es segelte schon um die Salzkrautbank vor den beiden Felsen, welche die Korallenbucht beschützen. Der letzte Sonnenstrahl streifte die roten Segel und den Bug des Schiffes. Der Bug sah aus wie ein Vogelschnabel.

Ich wusste, dass die Aleuter in der Dunkelheit nicht an Land kommen würden und dass ich bis zum Morgen Zeit hatte meine Habseligkeiten in die Höhle zu tragen. Dennoch wartete ich nicht länger. Ich war die halbe Nacht unterwegs, da ich nicht alles auf einmal mitnehmen konnte. Im Morgengrauen, nachdem ich mein Gepäck in der Höhle untergebracht hatte, kehrte ich ein letztes Mal zum Haus zurück. Ich scharrte die Asche in die Erde und streute Sand über die Gestelle und den Boden der Hütte. Dann holte ich die Muschelschalen, mit denen ich die Möwen verscheucht hatte, von den Pflöcken herunter und warf sie zusammen mit der ganzen Abalone-Ernte über die Klippe ins Meer. Zuletzt wischte ich mit einem Pelikanflügel die Spuren meiner Füße fort. Als ich fertig war, sahen das Haus und der Vorplatz verlassen und öde aus, so als hätte hier seit langer Zeit kein Mensch gelebt.

Inzwischen war die Sonne aufgegangen. Ich lief zur Bergkuppe und kletterte auf den Felsblock. Das Schiff lag in der Bucht vor Anker. Kanus brachten Waren an Land. Einige befanden sich schon draußen in den Salzkrautbänken, wo die Jagd auf die Otter begonnen hatte. Am Strand brannte ein Feuer und neben dem Feuer stand ein Mädchen. Es rührte in einem Topf. Ich konnte den Widerschein des Feuers in seinem Haar sehen. Schnell kletterte ich vom Felsblock herunter. Seit ich allein auf der Insel lebte, vor allem aber seit ich die Höhle in der Schlucht wohnlich eingerichtet hatte, war ich stets darauf bedacht gewesen, keine Spuren zu hinterlassen. Aus diesem Grund hatte ich auch keine eigentlichen Pfade angelegt, sondern jedes Mal einen anderen Weg gewählt, wenn ich zur Bucht oder zur Bergkuppe oder in die Schlucht ging. Jetzt folgte ich dem Rand der Klippe bis zum Hügel oberhalb der Schlucht und arbeitete mich dann vorsichtig durch das Gestrüpp zur Quelle hinunter. Wegen Rontu machte ich mir keine Sorgen. Die Aleuter wussten, dass es auf der Insel

Hunde gab, und würden an seinen Spuren nichts Besonderes finden.

Die Höhle war sehr finster und Rontu ließ sich nur widerstrebend durch die Öffnung zerren. Zuerst musste ich ein paar Mal hinein- und wieder herauskriechen, ehe er sich entschloss mir zu folgen. Als wir beide drinnen waren, schichtete ich Steine vor das Loch. Ich war todmüde, deshalb legte ich mich gleich nieder und schlief den ganzen Tag. Ich schlief, bis die ersten Sterne durch die Felsspalten schimmerten.

21

Ich nahm Rontu nicht mit, als ich in der Nacht die Höhle verließ, und ich sperrte den Eingang hinter mir zu, damit er mir nicht nachlaufen konnte. Ich fürchtete, er würde die Hunde der Alëuter wittern und Lärm schlagen. Damals wusste ich noch nicht, dass die Alëuter keine Hunde mitgebracht hatten.

Ich schlich leise durch das Gestrüpp auf die Bergkuppe zurück. Vom Felsblock aus konnte ich den Feuerschein im Lager der Alëuter sehen. Ihre Zelte standen auf der Mesa, an der gleichen Stelle, wo die Jäger das letzte Mal gelagert hatten. Ich schätzte die Entfernung bis zu meiner Höhle auf weniger als eine halbe Meile. Lange stand ich auf dem Felsblock und beobachtete die Lagerfeuer und überlegte mir, ob ich nicht besser in einen anderen Teil der Insel übersiedelte, vielleicht in die Höhle der wilden Hunde. Die Männer würden mich hier kaum entdecken; sie arbeiteten den ganzen Tag am Strand oder jagten in ihren Kanus. Aber das Mädchen bedeutete eine Gefahr für mich. Auf der Suche nach Wurzeln und Samenkörnern konnte es sich in die Schlucht verirren und trotz des dichten Gestrüpps unversehens auf die Quelle stoßen. Und dort würde es meine Spuren finden, die zur Höhle führten.

Ich stand auf dem Felsblock, bis die Feuer der Aleuter niedergebrannt waren. Ich überdachte alles, was ich tun, alle Orte, die ich aufsuchen konnte, und zuletzt beschloss ich in der Schlucht zu bleiben. Auf der anderen Seite der Insel gab es keine Quellen und vor allem würde ich schwerlich ein neues Versteck für mein Kanu finden. Vom Kanu aber durfte ich mich nicht trennen, da es mir im Notfall zur Flucht verhelfen musste.

So kehrte ich in die Höhle zurück und blieb dort, bis der Mond voll war. Dann ging uns die Nahrung aus. In der Nacht machte ich mich mit Rontu auf den Weg zur Bergkuppe, und als wir am Haus vorbeigingen, bemerkte ich, dass in meinem Zaun drei Walrippen fehlten. Sonst nahm ich nichts Ungewöhnliches wahr. Rontu hätte gebellt, wenn jemand sich in der Nähe aufgehalten hätte.

Wir warteten auf der Kuppe, bis die Ebbe einsetzte. Dies geschah kurz vor Tagesanbruch. Dann gingen wir zur Küste hinab, wo ich einen Korb mit Meerwasser und Abalone füllte. Wir waren wieder zurück in unserer Höhle, ehe es richtig hell geworden war.

Im Meerwasser blieben die Abalone mehrere Tage frisch, aber als wir sie aufgegessen hatten und eines Nachts aufbrachen um neue zu holen, war es so dunkel, dass wir den Weg zum Riff niemals gefunden hätten. Es blieb mir nichts anderes übrig als nach Wurzeln zu suchen. Dies tat ich jeden Morgen bis zum nächsten Mond, da wir uns ohne Gefahr wieder an die Küste begeben konnten.

In all dieser Zeit begegnete ich keinem einzigen Aleuter. Auch das Mädchen zeigte sich nie in der Nähe der Höhle; ich hatte jedoch seine Fußabdrücke am Eingang der Schlucht entdeckt und daraus geschlossen, dass es hier nach Wurzeln grub. Hunde hatten die Aleuter keine bei sich und darüber war ich sehr froh, denn die Hunde wären Rontus Spuren gefolgt und hätten uns in der Höhle aufgestöbert.

Für Rontu und mich war es keine vergnügliche Zeit. Die Tage wollten kein Ende nehmen. Zuerst war Rontu beständig in der Höhle auf und ab gelaufen und dann wieder schnuppernd an der versperrten Öffnung stehen geblieben. Ich ließ ihn nie allein hinaus, da ich fürchtete, er würde zum Lager der Aleuter laufen und nicht mehr zurückkommen. Nach einer Weile begann er sich an sein neues Leben zu gewöhnen. Er lag den ganzen Tag zu meinen Füßen und schaute mir bei allem, was ich tat, zu. Trotz der Ritzen, durch welche hie und da ein Sonnenstrahl fiel, blieb es in der Höhle finster, deshalb ließ ich eine Anzahl kleiner Fische brennen, die ich zu diesem Zweck getrocknet hatte. In dem Licht, das sie verbreiteten, nähte ich mein Kormorankleid. Ich nähte von früh bis spät. Die zehn Häute, die ich vom Hohen Felsen mitgebracht hatte, waren jetzt trocken genug. Sie stammten alle von männlichen Kormoranen. Diese haben ein dichteres und viel glänzenderes Gefieder als die Weibchen.

Die Arbeit am Yuccafasernrock war verhältnismäßig einfach gewesen. Das neue Kleid aber sollte ein Prunkstück werden. Ich schnitt daher die Häute mit besonderer Sorgfalt zurecht und nähte sie so kunstvoll, wie ich es verstand, zusammen.

Ich begann mit dem Saum, indem ich drei Häute aneinander nähte, so dass sie ein langes Band bildeten. An diesem Band befestigte ich mit kleinen Stichen die restlichen sieben Häute. Ihre Federn verliefen von oben nach unten, die Federn am Saum dagegen verliefen quer.

Das Kleid war sehr hübsch. Ich beendete es am Tag nach dem zweiten Mond. Die kleinen Fische waren inzwischen alle heruntergebrannt, und da ich keine neuen fangen konnte, solange die Aleüter auf der Insel hausten, nahm ich das Kleid mit ins Freie um dort die letzten Stiche anzubringen. Ich fühlte mich jetzt sicherer. Seit meiner Entdeckung am Eingang der Schlucht hatte ich noch zweimal Fußspuren gefunden, doch nie in der Nähe der Höhle. Und da die Winterstürme vor der Tür standen, würden die Aleuter wohl bald wegfahren. Ich war überzeugt, dass sie noch vor dem nächsten Mond absegeln würden.

Ich hatte das Kleid noch nie bei Tag gesehen. Es war schwarz, doch darunter schimmerte es grün und golden und auf den Federn lag ein Glanz wie von brennendem Feuer. Es war noch schöner, als ich gedacht hatte. Nun, da es beinahe fertig war, ging die Arbeit rasch voran, obgleich ich es dazwischen immer wieder an meinen Körper halten musste um zu sehen, wie es sich an mir ausnahm.

»Rontu«, sagte ich, vor Freude ein bisschen durcheinander, »wenn du kein Rüde wärst, so würde ich dir auch ein Kleid nähen, so schön wie meines.«

Rontu, der schlafend vor dem Höhleneingang lag, hob den Kopf, gähnte mich an und schlief wieder ein. Ich stand im Sonnenlicht und hielt eben den Rock an mich, als Rontu aufsprang. Ich hörte Schritte. Das Geräusch kam vom Bach her, und als ich mich blitzschnell umdrehte, sah ich das Mädchen. Es stand oben zwischen den Büschen und schaute zu mir herab.

Mein Speer lehnte griffbereit am Eingang der Höhle. Das Mädchen stand kaum zehn Schritte von mir entfernt und ich hätte mit einer einzigen Bewegung den Speer packen und schleudern können. Warum ich es nicht tat, weiß ich nicht, da doch das Mädchen zu den Aleutern gehörte, die meine Leute in der Korallenbucht getötet hatten.

Es sagte etwas. Da verließ Rontu seinen Platz vor

der Höhle und ging langsam auf das Mädchen zu. Das Fell sträubte sich ihm im Nacken, dennoch ging er zu dem Mädchen und ließ sich von ihm streicheln.

Das Mädchen schaute mich an. Dann machte es eine Bewegung mit der Hand, als wollte es sagen, Rontu gehöre jetzt ihm.

»Nein!«, schrie ich und schüttelte heftig den Kopf.

Ich erhob den Speer.

Das Mädchen machte eine halbe Drehung und ich dachte, es würde jetzt gleich davonlaufen, aber dann machte es wieder eine Bewegung mit der Hand, was wohl heißen sollte, dass Rontu mir gehöre. Ich glaubte ihm nicht. Ich hielt den Speer wurfbereit über der Schulter.

»Tutok«, sagte das Mädchen, wobei es mit dem Finger auf sich deutete. Ich sagte ihm meinen Namen nicht. Ich rief Rontu und er trottete zu mir zurück. Das Mädchen schaute erst Rontu an, dann mich, und lächelte. Es war älter als ich, aber kleiner. Es hatte ein breites Gesicht und kleine, sehr dunkle Augen. Beim Lächeln zeigte es die Zähne und ich sah, dass sie vom vielen Sehnenkauen abgeschliffen waren, aber sie glänzten weiß wie das Innere einer Muschel.

In einer Hand hielt ich noch immer das Kormorankleid und das Mädchen deutete mit dem Finger darauf und sagte etwas. »*Wintscha*«, sagte es. Es klang ähnlich wie das Wort, das in unserer Sprache »hübsch« heißt.

Ich war so stolz auf das Kleid, dass ich an nichts anderes mehr dachte. Der Speer befand sich noch in meiner Hand, doch ich beachtete ihn nicht, ich hielt das

Kleid hoch, so dass die Sonne von allen Seiten darauf fiel.

Das Mädchen sprang vom Felsen herunter, kam auf mich zu und berührte das Kleid.

»*Wintscha*«, sagte es wieder.

Ich sagte nichts. Da ich sah, wie gern das Mädchen mein Kleid angefasst hätte, gab ich es ihm. Es hielt es an sich und drehte sich damit hierhin und dorthin. Es war sehr zierlich gebaut und das Federkleid tanzte um seine Gestalt wie schäumendes Wasser. Aber ich hasste die Aleüter und nahm ihm das Kleid wieder fort.

»*Wintscha*«, sagte das Mädchen.

Ich hatte schon so lange keine Worte mehr aus eines anderen Menschen Mund vernommen, dass mich dieses Wort ganz seltsam berührte. Es tat gut es zu hören, auch wenn der Mensch, der es aussprach, mein Feind war.

Die Aleüterin sagte noch andere Wörter, die ich nicht verstand. Beim Sprechen blickte sie über meine Schulter hinweg zur Höhle. Sie zeigte auf die Höhle, dann auf mich und tat, als zünde sie ein Feuer an. Ich wusste, was sie von mir hören wollte, aber ich sagte es nicht. Sie wollte wissen, ob ich in der Höhle wohne, damit sie die Männer holen und mich in ihr Lager schleppen lassen konnte. Ich schüttelte den Kopf und deutete in die Ferne, nach der äußersten Spitze der Insel, denn ich traute ihr nicht.

Sie schaute immer noch zur Höhle hinüber, sagte jedoch nichts mehr.

Ich hielt den Speer, mit dem ich sie töten konnte, in der Hand. Ich tötete sie nicht, trotz meiner Angst vor den Jägern. Sie trat nahe an mich heran und berührte meinen Arm. Ihre Berührung war mir zuwider. Sie sagte noch ein paar Wörter, lächelte, drehte sich um und ging zur Quelle, wo sie trank. Im nächsten Augenblick war sie zwischen den Büschen verschwunden. Rontu machte keinen Versuch ihr zu folgen. Sie verschwand ohne einen Laut.

Ich kroch in die Höhle und begann meine Körbe zu packen. Es blieb mir genügend Zeit dafür, denn die Männer arbeiteten den ganzen Tag und kehrten erst am Abend in ihr Lager zurück.

Bei Einbruch der Dämmerung war ich bereit. Ich wollte das Kanu holen und nach der westlichen Seite der Insel rudern. Dort konnte ich auf den Felsen schlafen, bis die Aleüter fortgingen. Wenn es sein musste, konnte ich jeden Tag an einer anderen Stelle schlafen.

Ich trug fünf Körbe die Schlucht hinauf und versteckte sie in der Nähe meines Hauses. Inzwischen war es finster geworden, aber ich musste ein letztes Mal in die Höhle zurück um die zwei noch dort verbliebenen Körbe zu holen. Vorsichtig bewegte ich mich durch das Gestrüpp. Über dem Eingang blieb ich stehen und lauschte. Rontu neben mir lauschte ebenfalls. Kein Mensch, der nicht seit langem in der Gegend wohnte, konnte sich nachts lautlos durch das Gestrüpp schleichen. Rontu und ich lauschten angestrengt, doch wir hörten nichts.

Ich ging an der Quelle vorbei, wartete eine Weile und schritt dann auf die Höhle zu. Jemand war hier gewesen, das spürte ich. Jemand war hier gewesen, seit ich die Schlucht das letzte Mal verlassen hatte. Die Aleüter konnten sich im Dunkel versteckt haben und mich beobachten.

Ich hatte solche Angst, dass ich die Höhle nicht zu betreten wagte. Als ich mich umdrehte um wegzulaufen, sah ich etwas vor der Öffnung liegen, auf dem flachen Stein, den ich als Stufe benutzte. Es war eine Halskette aus schwarzen Steinen, wie ich sie noch nie gesehen hatte.

22

Die Höhle betrat ich nicht. Auch die Kette auf dem Stein rührte ich nicht an. Ich verbrachte die Nacht auf dem Felsen, wo ich meine Körbe versteckt hatte. Am frühen Morgen kehrte ich in die Schlucht zurück. Dort verbarg ich mich auf einem Felsvorsprung, der mit Büschen bestanden war. Er befand sich dicht bei der Quelle und von seinem Rücken aus konnte ich den Eingang zur Höhle beobachten.

Die Sonne ging auf. Ihre Strahlen erhellten die Schlucht. Ich sah die Halskette auf dem Stein liegen. Die schwarzen Steine sahen jetzt noch schwärzer aus als in der Nacht. Es waren viele. Ich wäre gern hinuntergegangen um sie zu zählen und um zu sehen, ob die Kette lang genug für zwei Schlingen war, aber ich widerstand der Versuchung und rührte mich nicht vom Fleck.

Den ganzen Morgen lag ich wartend auf dem Felsen. Als Rontu bellte, stand die Sonne schon über uns. Ich hörte Schritte unter mir und dann kam das Mädchen singend aus dem Gebüsch hervor. Es näherte sich der Höhle, aber als es die Halskette auf dem Stein liegen sah, verstummte es. Es hob die Kette auf, legte sie wieder hin und spähte durch das Loch in die Höhle. Meine beiden Körbe standen immer noch dort. Dann ging es zur Quelle, trank und bewegte sich auf das Gebüsch zu, aus dem es gekommen war.

Ich rutschte den Abhang hinunter.

Ich sprang auf die Füße. »Tutok!«, rief ich. »Tutok!« Das Mädchen musste hinter den Büschen gewartet haben, denn fast im gleichen Augenblick kam es wieder zum Vorschein.

Ich lief auf den Stein zu, legte mir die Kette um den Hals und drehte mich um, damit es mich bewundere. Die Kette war so lang, dass ich sie mir nicht zweimal, sondern dreimal um den Hals schlingen konnte. Die Kugeln waren länglich und oval statt rund wie unsere Glasperlen; um sie zu formen musste jemand sehr geschickt gewesen sein und lange daran gearbeitet haben. »*Wintscha*«, sagte das Mädchen.

»*Wintscha*«, antwortete ich und das Wort klang seltsam in meinem Munde. Dann sagte ich das Wort, das in unserer Sprache »hübsch« bedeutet.

»*Win-tai*«, sprach mir das Mädchen nach und lachte, weil es das Wort merkwürdig fand.

Darauf berührte das Mädchen die Halskette und sagte mir sein Wort dafür und ich sagte ihm das Wort in unserer Sprache. Wir zeigten auch auf andere Dinge – auf die Quelle, die Höhle, auf eine fliegende Möwe, auf die Sonne und den Himmel und den schlafenden Rontu – und tauschten unsere Wörter dafür aus und lachten, weil sie so verschieden klangen. Wir saßen auf dem Stein und spielten dieses Spiel, bis die Sonne im Westen stand. Dann stand Tutok auf und hob die Hand wie zum Abschied.

»*Mah-nay*«, sagte sie und wartete darauf, dass ich ihr meinen Namen nannte.

»Won-a-pa-lei«, antwortete ich, denn das bedeutet, wie ich schon sagte, »das Mädchen mit dem langen schwarzen Haar«. Meinen geheimen Namen verriet ich ihr nicht.

»*Mah-nay*, Won-a-pa-lei«, sagte Tutok.

»*Pah-say-no*, Tutok«, erwiderte ich.

Ich schaute ihr nach, als sie sich durch das Gestrüpp entfernte. Lange stand ich vor der Höhle und lauschte ihren Schritten nach, bis ich sie nicht mehr hören konnte. Dann kehrte ich zu meinem Haus auf dem Felsen zurück und trug alle meine Körbe wieder in die Höhle.

Tutok kam auch am nächsten Tag. Wir saßen auf

dem Stein an der warmen Sonne, tauschten Wörter aus und lachten. Die Sonne wanderte schnell über den Himmel. Bald kam der Augenblick, da sie ins Lager zurückkehren musste, doch am nächsten Tag kam sie wieder. Und da geschah es, dass ich ihr beim Abschied meinen geheimen Namen verriet.

»Karana«, sagte ich, mit dem Finger auf mich deutend. Tutok wiederholte das Wort, verstand aber nicht, was damit gemeint war.

»Won-a-pa-lei?«, fügte sie in fragendem Ton hinzu. Ich schüttelte den Kopf. »Karana«, sagte ich wieder mit der gleichen Gebärde wie das erste Mal.

Ihre schwarzen Augen öffneten sich weit. Langsam begann sie zu lächeln.

»*Pah-say-no,* Karana«, sagte sie.

In der Nacht darauf begann ich an einem Geschenk für Tutok zu arbeiten. Damit wollte ich ihr danken für die Halskette, die sie mir geschenkt hatte. Zuerst hatte ich an ein Paar Ohrringe aus Fischbein gedacht, doch dann war mir eingefallen, dass ihre Ohrläppchen nicht durchstochen waren und dass ich einen Korb voll Muschelschalen besaß, die ich schon früher in dünne Scheiben geschnitten hatte. Aus diesen Abaloneschalen würde ich einen Kranz für Tutok anfertigen. Mit Dornen und feinem Sand bohrte ich in jede Scheibe zwei Löcher. Dazwischen steckte ich je zehn Olivellamuscheln, die nicht größer sind als die Spitze meines kleinen Fingers, und zum Schluss reihte ich alles an einer Robbensehne auf.

Fünf Nächte lang arbeitete ich an dem Kranz und

am fünften Tag, als sie mich wieder besuchte, gab ich ihr mein Geschenk. Ich setzte ihr den Kranz aufs Haar und band ihn hinten zusammen.

»*Wintscha*«, sagte sie und fiel mir um den Hals. Sie war so glücklich, dass ich vergaß, wie sehr mich meine Finger vom Löcherbohren schmerzten.

Noch manches Mal kam Tutok zur Höhle, doch eines Morgens kam sie nicht. Ich wartete den ganzen Tag auf sie. Am Abend verließ ich die Höhle und kletterte auf den Felsvorsprung, von wo aus ich die Schlucht überblicken konnte. Ich fürchtete, die Männer hätten erfahren, dass ich hier wohnte, und würden zur Höhle kommen um mich fortzuschleppen. Ich blieb die ganze Nacht auf dem Felsen, trotz des ersten kalten Winterwindes.

Tutok kam auch am folgenden Tag nicht. Da erinnerte ich mich, dass es für die Jäger an der Zeit war nach Hause zu fahren. Vielleicht hatten sie die Insel schon verlassen. Eilends lief ich zur Bergkuppe, kletterte auf den Felsblock und spähte über dessen Rand in die Korallenbucht hinunter. Mein Herz klopfte laut.

Das Aleuterschiff lag immer noch in der Bucht vor Anker, doch auf dem Deck arbeiteten Männer und auf dem Wasser flitzten Kanus hin und her. Ein heftiger Wind wehte auf der Insel. Da nur noch wenige Otterfellbündel am Strand lagen, nahm ich an, dass das Schiff im Morgengrauen die Anker lichten würde. Es war dunkel geworden, als ich in die Schlucht zurückkehrte. Da der Wind immer kälter wurde und da ich mich vor den Aleutern nicht mehr zu fürchten brauchte, zündete ich in der Höhle ein Feuer an und kochte mir eine warme Mahlzeit aus Muscheln und Wurzeln. Ich kochte so viel, dass es für Rontu und mich und Tutok gereicht hätte. Ich wusste, Tutok würde nicht kommen, dennoch stellte ich ihr Essen neben dem Feuer bereit und wartete.

Einmal bellte Rontu kurz auf und mir war, als hörte ich Schritte. Ich ging zur Öffnung und horchte. Wolken bedeckten den kalten Himmel im Norden. Der Wind wurde lauter; er dröhnte in der Schlucht. Ich rührte mein Essen nicht an. Nachdem ich lange umsonst gewartet hatte, versperrte ich den Eingang mit Steinen.

Als es dämmerte, ging ich zur Bergkuppe. Der Wind hatte sich gelegt. Vom Meer her wallten graue Nebelschwaden auf die Insel zu. Ich lag auf dem Stein und versuchte durch den Nebel einen Blick auf die Korallenbucht zu erhaschen. Endlich ging die Sonne auf. Der Nebel begann sich zu lichten. Ich schaute in die Bucht hinab. Der kleine Hafen lag verlassen da. Das Aleuterschiff mit dem roten Schnabel und den roten Segeln war verschwunden.

Mein erstes Gefühl war Freude, weil ich die Höhle endlich verlassen und in mein Haus auf der Anhöhe zurückkehren konnte. Ich stand auf dem hohen Felsen und blickte auf den verlassenen Hafen und den leeren Strand hinunter und dann dachte ich an Tutok. Ich dachte an die vielen Tage, da wir zusammen in der Sonne gesessen hatten. Ich hörte ihre Stimme und sah das Blinzeln ihrer schwarzen Augen, wenn sie lachte.

Drüben am Klippenrand bellte Rontu die krächzenden Möwen an. Unter mir im blauen Wasser schnatterten die Pelikane und von ferne konnte ich das Brüllen eines Elefantenbullen hören. Und doch, seit ich an Tutok dachte, schien es auf der Insel plötzlich still geworden zu sein.

23

Die Jäger ließen viele verwundete Otter zurück. Einige trieben an Land, wo sie verendeten, andere tötete ich mit meinem Speer, weil sie Schmerzen litten und nicht weiterleben konnten. Ich fand jedoch einen jungen Otter, der nicht schwer verletzt war.

Er lag auf einer Salzkrautbank, und wenn Rontu nicht gebellt hätte, wäre ich achtlos an ihm vorbeigepaddelt. Eine Salzkrautsträhne schlang sich um seinen Körper. Ich dachte erst, der Otter schlafe, denn ich hatte schon oft gesehen, wie die Otter sich zum Schlafen auf diese Weise festbinden um nicht fortgeschwemmt zu werden. Dann aber sah ich die klaffende Wunde an seinem Rücken.

Der Otter machte keinen Versuch davonzuschwimmen, als ich nahe an ihn heranfuhr und mich seitlich aus dem Kanu beugte. Otter haben große Augen, besonders wenn sie jung sind, die Augen dieses Tieres aber waren so groß von Angst und Schmerzen, dass ich mein Spiegelbild in ihnen sehen konnte. Ich schnitt das Salzkraut von seinem Körper und nahm ihn mit zu einem stillen Fluttümpel hinter dem Riff.

Nach dem Sturm hatte sich das Meer geglättet und ich fing zwei Fische beim Riff. Ich achtete darauf, sie lebend zu fangen, denn Otter fressen keine toten Dinge. Ich warf die Fische in den Tümpel. All dies geschah am frühen Morgen.

Am Nachmittag kehrte ich zum Tümpel zurück. Die beiden Fische waren verschwunden und der Otter lag schlafend auf dem Rücken im Wasser. Es war nutzlos seine Wunden mit Kräutern zu behandeln; im salzigen Meerwasser würden sie am ehesten heilen und die Kräuter wären ohnehin gleich wieder fortgeschwemmt worden.

Jeden Tag fing ich zwei Fische, die ich in den Tümpel warf. Der junge Otter fraß nichts, solange ich dabeistand und ihm zuschaute. Später brachte ich vier Fische täglich, die ebenfalls verschwanden, und zum Schluss brachte ich sechs. Das schien die richtige Zahl zu sein. Ich fischte jeden Tag, bei schönem und bei stürmischem Wetter.

Der Otter wuchs zusehends und seine Wunde begann zu heilen, doch er blieb im Tümpel, und jetzt wartete er jedes Mal auf mich, wenn ich kam, und nahm mir den Fisch aus der Hand. Der Tümpel war nicht groß. Der Otter hätte leicht ins offene Meer hinausschwimmen können. Aber er blieb und schlief oder wartete, bis ich mit seinem Fressen kam.

Er war jetzt so lang wie mein Arm und hatte ein spiegelglattes, schimmerndes Fell. Seine lange Nase endete in einer Spitze und darunter wuchs ein dichter Schnauzbart. Er hatte die größten Augen, die ich je gesehen habe. Sie beobachteten mich die ganze Zeit, während ich mich am Tümpel aufhielt, sie folgten mir, was immer ich tat, und wenn ich etwas sagte, verdrehten sie sich auf eine sehr komische Art. Und doch verspürte ich einen sonderbaren Schmerz in der Kehle, wenn ich dies sah. Die Augen waren fröhlich und traurig zugleich.

Lange nannte ich ihn einfach Otter, wie ich Rontu einst Hund genannt hatte. Dann beschloss ich ihm einen Namen zu geben. Ich nannte ihn Mon-a-nee, das bedeutet »kleiner Junge mit großen Augen«.

Es war anstrengend jeden Tag sechs Fische zu fangen, besonders wenn ein starker Wind wehte und die Wellen hoch gingen. Einmal, als ich nur zwei Fische fangen konnte und sie in den Tümpel warf, verschlang Mon-a-nee sie hastig und wartete auf mehr. Als er sah, dass dies alles war, was ich besaß, schwamm er im Kreise umher und schaute mich vorwurfsvoll an. Am folgenden Tag gingen die Wellen so hoch, dass ich selbst bei Ebbe nicht auf dem Riff fischen konnte, und da ich nicht mit leeren Händen zum Tümpel gehen wollte, ließ ich es bleiben. Drei Tage vergingen, ehe ich wieder Fische fing, und als ich zum Tümpel kam, war Mon-a-nee nicht mehr da. Ich hatte gewusst, dass er eines Tages fortgehen würde, aber es tat mir Leid, dass er ins Meer zurückgeschwommen war und dass ich nun nie mehr Fische für ihn fangen konnte. Ich würde ihn auch nicht wieder erkennen, wenn ich ihn im Salzkraut sah, denn jetzt war er ausgewachsen und seine Wunde war verheilt und er sah aus wie alle anderen Otter.

Bald nachdem die Aleüter fortgegangen waren, kehrte ich in mein Haus zurück.

Außer dem Zaun, den ich sogleich ausbesserte, war nichts beschädigt worden und nach wenigen Tagen sah es im Hause wieder wie früher aus.

Das Einzige, worüber ich mir Sorgen machte, waren die Abalone. Ich hatte die Ernte eines ganzen Sommers fortwerfen müssen und jetzt würde ich auf das, was ich täglich erbeutete, angewiesen sein. Ich musste also an den Tagen, da ich fischen gehen konnte, so viel zu fangen versuchen, dass es auch für Zeiten reichte, in denen ich nichts fing. In den ersten Wintermonaten, bevor Mon-a-nee fortgeschwommen war, fiel mir dies bisweilen schwer. Später ging es leichter und Rontu und ich hatten immer genügend zu essen.

Solange die Aleüter auf der Insel hausten, war es für mich zu gefährlich gewesen die kleinen *Sai-sai*-Fische zu fangen und zu trocknen. Ich besaß daher keine Lampen und die Nächte in diesem Winter waren finster. Ich ging früh zu Bett und arbeitete nur am Tag. Immerhin flocht ich eine zweite Schnur für meinen Fischspeer, schnitzte eine Menge Widerhaken aus Abaloneschalen und fertigte mir sogar ein Paar Ohrringe an, die zu Tutoks Halskette passten.

Die Ohrringe beschäftigten mich viele Tage lang. Ich weiß nicht, wie oft ich morgens zur Ebbezeit den Strand absuchte, bis ich endlich zwei Kieselsteine fand, die die gleiche Farbe wie die Steine an der Halskette hatten und weich genug zum Schleifen waren. Noch länger dauerte es, bis ich die Löcher in die Ohrringe gebohrt hatte, denn die Steine entschlüpften immer wieder meinen Händen; aber als ich damit fertig war und die Steine mit feinem Sand und Wasser blank gerieben und mit Häkchen aus Knochen an meinen Ohren befestigt hatte, sahen sie sehr hübsch aus. An sonnigen Tagen steckte ich sie mir an, schlüpfte in das Kormorankleid und legte mir die Halskette um und so ging ich mit Rontu auf den Klippen spazieren.

Ich dachte oft an Tutok, besonders aber, wenn ich ihre Kette trug. Ich schaute nach Norden und wünschte, sie wäre hier und könnte mich sehen. Ich konnte sie in ihrer seltsamen Sprache reden hören und ich erfand Wörter, die ich ihr sagen oder die sie mir sagen würde.

24

Wieder war der Frühling eine Zeit des Blühens, das Wasser rauschte in den Schluchten und floss hinab ins Meer. Viele Vögel kamen auf die Insel zurück. Tainor und Lurai bauten sich ein Nest in dem Baum, wo sie geboren waren. Sie bauten es aus trockenem Tang und Blättern und auch aus Haaren von Rontus Rücken. Sooft Rontu in diesen Tagen vors Haus trat, flogen sie herbei, und wenn er nicht hinschaute, zupften sie einen Schnabel voll Haar aus seinem Pelz und suchten damit das Weite. Dies verdross ihn sehr. Schließlich versteckte er sich vor ihnen, bis das Nest fertig war.

Ich hatte Recht gehabt, als ich Lurai einen Mädchennamen gab, denn sie legte gefleckte Eier und brütete mit der gelegentlichen Hilfe ihres Gatten zwei hässliche Küken aus, die sich bald zu hübschen Geschöpfen entwickelten. Ich erfand Namen für sie und stutzte ihnen die Flügel, bis sie so zahm geworden waren wie ihre Eltern.

Ich fand auch eine junge Möwe, die aus einem Nest an der Klippe in die Tiefe gefallen war. Die Möwen bauen sich ihre Nester hoch oben in den Küstenfelsen und ich hatte mich oft gewundert, weshalb die Jungen, die ich bisweilen auf dem Nestrand kauern sah, nicht hinunterfielen. Doch dies geschah selten.

Die Möwe, die ich fand, hatte ein weißes Gefieder und einen gelben Schnabel. Sie war nicht schwer verletzt, nur ein Bein war gebrochen. Ich nahm sie mit ins Haus und band die Knochen mit zwei kleinen Hölzern und einer Sehne zusammen. Eine Zeit lang wollte sie sich nicht auf die Füße stellen. Aber da sie noch nicht alt genug zum Fliegen war, begann sie eines Tages doch auf dem Platz vor dem Haus herumzuhinken.

Mit den jungen und den alten Vögeln, der weißen Möwe und Rontu, der mir ständig auf den Fersen blieb, herrschte ein munteres Treiben auf dem Vorplatz. Hätte ich bloß nicht so oft an Tutok denken müssen! Und an meine Schwester Ulape, wo sie wohl sein mochte und ob das Zeichen, das sie sich auf die Wangen gemalt, seine Zauberkraft entfaltet hatte. Wenn ja, so war sie jetzt wohl mit Nanko verheiratet und Mutter vieler Kinder. Hätte sie alle meine Kinder sehen können, sie hätte gelacht, weil sie so ganz anders waren als die, die ich mir gewünscht hatte.

Schon früh begann ich wieder Abalone zu sammeln und ich sammelte viele, die ich auf die Klippe trug und vor dem Haus trocknen ließ. Ich wollte einen genügend großen Vorrat beisammen haben, ehe die Aleuter kamen.

Eines Tages, als ich mein Kanu auf dem Riff voll lud, erblickte ich eine Otterherde im nahen Salzkraut. Die Otter jagten hintereinander her, steckten die Köpfe ins Salzkraut, tauchten unter und kamen an einer anderen Stelle wieder hoch. Es war wie das Spiel, das wir als Kinder im Busch gespielt hatten. Ich schaute nach Mon-a-nee aus, doch einer sah aus wie der andere.

Ich lud mein Kanu mit Abalone voll und paddelte dem Festland entgegen, während einer der Otter hinter mir herschwamm. Als ich im Rudern innehielt, tauchte er unter und kam weit vor mir wieder hoch. Die Entfernung zwischen ihm und mir war groß und doch wusste ich, wer er war. Nie hätte ich gedacht, dass ich ihn von den anderen würde unterscheiden können, aber ich wusste so bestimmt, dass es Mon-a-nee war, dass ich einen der Fische, die ich gefangen hatte, in die Höhe hielt.

Otter schwimmen schnell. Ehe ich einmal atmen konnte, hatte er mir den Fisch aus der Hand geschnappt.

Zwei Monde lang sah ich ihn danach nicht mehr, aber eines Morgens, als ich auf dem Riff fischte, kam er plötzlich aus dem Salzkraut geschwommen. Hinter ihm schwammen zwei kleine Otter. Sie waren nicht größer als neugeborene Hunde und sie kamen so langsam voran, dass Mon-a-nee sie von Zeit zu Zeit zur Eile antreiben musste. Die neugeborenen Seeotter können nicht schwimmen; sie müssen sich an ihre Mütter klammern. Nach und nach bringt die Mutter den Jungen das Schwimmen bei, indem sie sie mit ihren Flossen wegschiebt und dann im Kreise um sie herumschwimmt, bis sie ihr folgen.

Mon-a-nee schwamm nahe an das Riff heran und ich warf einen Fisch ins Wasser. Er schnappte ihn nicht gleich, wie er es sonst zu tun pflegte; anscheinend wollte er wissen, was die Jungen damit anfangen würden. Als er sah, dass sie sich mehr für mich als für

das Fressen interessierten und der Fisch davonzuschwimmen begann, packte er ihn mit seinen scharfen Zähnen und warf ihn den Jungen vor die
Schnauze. Ich warf einen zweiten Fisch für Mon-
a-nee ins Wasser, doch er tat das Gleiche wie vorher.
Auch jetzt wollten die Kleinen nichts davon wissen,
und als sie des Spiels endlich müde waren, schwammen sie dicht an ihren Vater heran und gruben ihm
zärtlich ihre Schnauze ins Fell.

Erst da erkannte ich, dass Mon-a-nee nicht ihr Vater, sondern ihre Mutter war. Die Otter paaren sich
auf Lebenszeit, und wenn die Mutter stirbt, erzieht
meist der Vater die Jungen, so gut er es versteht. Ein
solches Schicksal hatte ich auch hinter Mon-a-nee
vermutet.

Ich schaute auf die kleine Familie hinunter. »Mon-
a-nee«, sagte ich, »du musst einen neuen Namen haben. Ich werde dich Won-a-nee nennen, das passt zu
dir, denn es bedeutet ›das Mädchen mit den großen
Augen‹.«

Die jungen Otter wuchsen rasch heran und
schnappten mir bald die Fische aus der Hand, aber
Won-a-nee fraß lieber Abalone. Sie ließ die Abalone,
die ich ihr zuwarf, auf den Meeresgrund sinken,
dann tauchte sie unter und kam, die Muschel an sich
gepresst und in der Schnauze einen Stein, wieder
zum Vorschein. Sie drehte sich im Wasser auf den
Rücken, legte sich die Abalone auf die Brust und
hämmerte mit dem Stein auf die Schale, bis diese zer-
sprang.

Dies brachte sie auch den Jungen bei. Ich saß bisweilen einen ganzen Morgen lang auf dem Riff und sah zu, wie die drei die harten Muscheln auf ihrer Brust zertrümmerten. Hätten nicht alle Otter die Abalone auf diese Weise gefressen, so hätte ich es für ein Spiel gehalten, das Won-a-nee mir zuliebe erfunden hat. Doch sie taten es alle und ich wunderte mich darüber und wundere mich heute noch.

Nach jenem Sommer, nach meiner Freundschaft mit Won-a-nee und ihren Jungen brachte ich nie mehr einen Otter um. Ich besaß einen Umhang aus Otterfell und ich trug ihn, bis er alt und schäbig geworden war, doch danach nähte ich mir nie wieder einen neuen. Ich tötete auch keine Kormorane mehr um ihrer schönen Federn willen, wenngleich sie lange, dünne Hälse haben und hässliche Laute von sich geben, wenn sie miteinander schwatzen. Ich tötete auch keine Robben wegen ihrer Sehnen, sondern benutzte Salzkraut, wenn ich etwas zusammenbinden musste. Ich tötete auch keinen wilden Hund mehr und versuchte kein zweites Mal einen See-Elefanten mit dem Speer zu erlegen.

Ulape hätte mich ausgelacht, auch andere hätten gelacht – am meisten mein Vater. Dennoch konnte ich nicht mehr anders empfinden für Tiere, die meine Freunde geworden waren, und auch für die, die es nicht waren, aber es noch werden konnten. Selbst wenn Ulape und mein Vater und alle anderen zurückgekommen wären und mich ausgelacht hätten, ich hätte nichts anders empfinden können; denn Tiere und Vögel sind wie Menschen, mögen sie auch nicht die gleiche Sprache sprechen oder die gleichen Dinge tun wie wir. Ohne sie wäre die Erde ein freudloser Ort.

25

Die Alëuter kamen nie wieder auf die Insel der blauen Delphine, doch jeden Sommer war ich vor ihnen auf der Hut und jeden Frühling sammelte ich Muscheln, die ich trocknen ließ und dann in der Höhle, wo ich mein Kanu verbarg, einlagerte.

Zwei Winter nach ihrem letzten Besuch fertigte ich eine Anzahl neuer Waffen an – einen Speer, einen Bogen und einen Köcher voll Pfeile. Diese brachte ich ebenfalls in der Höhle unter, denn ich wollte gerüstet sein, wenn die Jäger wiederkamen. Ich wollte bereit sein in einen anderen Teil der Insel überzusiedeln, von Höhle zu Höhle zu ziehen oder auch im Kanu zu leben, wenn es sein musste. Viele Sommer lang, nachdem die Alëuter fortgegangen waren, hatte die Otterherde die Korallenbucht gemieden. Die alten Otter, welche die Speere der Alëuter überlebt und den Sommer als gefährliche Zeit zu betrachten gelernt hatten, führten die Herde an einen anderen Platz. Sie zogen weit hinaus auf die Salzkrautbänke beim Hohen Felsen, wo sie blieben, bis die ersten Winterstürme kamen.

Rontu und ich fuhren oft zum Hohen Felsen und verbrachten dort mehrere Tage mit Won-a-nee und den anderen Ottern, die ich inzwischen kennen gelernt hatte. Wir fingen von früh bis spät Fische für sie.

Ein Sommer kam, in dem die Otter die Bucht nicht verließen – es war der Sommer, in dem Rontu starb –, und ich wusste, dass nun von den Ottern, die sich an die Jäger erinnerten, keiner mehr am Leben war. Auch ich dachte kaum mehr an die Aleuter, so wenig wie an die weißen Männer, die gesagt hatten, sie würden zurückkommen, und die nicht gekommen waren.

Bis zu jenem Sommer hatte ich stets genau gewusst, wie viele Monde verstrichen waren, seit die weißen Männer meinen Bruder und mich auf der Insel zurückgelassen hatten. Für jeden Mond, der kam und ging, schnitt ich ein Zeichen in den Türpfosten meines Hauses. Die Zeichen bedeckten den Pfosten vom Dach bis zum Boden. Nach jenem Sommer aber gab ich das Rechnen auf. Das Wechseln der Monde ließ mich gleichgültig und ich schnitt nur noch Zeichen für die vier Jahreszeiten. Im letzten Jahr zählte ich auch diese nicht mehr.

Rontu starb gegen Ende des Sommers. Seit dem Frühling war er nicht mehr mit mir aufs Riff zum Fischen gekommen, außer wenn ich ihn dazu drängte. Er liebte es vor dem Haus in der Sonne zu liegen und ich ließ ihn gewähren, aber ich fuhr nicht mehr so oft zum Riff. Ich erinnere mich an die Nacht, als Rontu am Zaun stand und so lange bellte, bis ich ihn hinausließ. Meist tat er dies, wenn der Mond groß war, und am Morgen kam er immer zurück; doch in jener Nacht schien kein Mond und Rontu kam nicht zurück.

Ich wartete den ganzen Tag auf ihn, fast bis zur Dämmerung, und dann machte ich mich auf die Suche. Ich sah seine Spuren und folgte ihnen über die Dünen und die Hügel zur Höhle, wo er einst gelebt hatte. Dort fand ich ihn am Boden liegend, allein. Zuerst dachte ich, er sei verwundet, ich konnte jedoch keine Wunde an ihm entdecken. Er berührte meine Hand mit der Zunge, aber nur einmal, und dann war er still und atmete kaum.

Da es inzwischen Nacht geworden war und ich Rontu in der Dunkelheit nicht nach Hause tragen konnte, blieb ich in der Höhle. Ich saß die ganze Nacht neben ihm und sprach mit ihm. Im Morgengrauen nahm ich ihn auf die Arme und verließ die Höhle. Er war sehr leicht, als wäre etwas an ihm schon dahingegangen.

Die Sonne erhob sich im Osten, als ich zur Klippe kam. Möwen krächzten am Himmel. Bei dem Lärm spitzte er die Ohren und ich stellte ihn auf den Boden, weil ich dachte, er wolle sie anbellen, wie er es immer getan hatte. Er hob den Kopf und folgte ihnen mit den Blicken, doch er gab keinen Laut von sich.

»Rontu«, sagte ich, »du hast dir immer einen Spaß daraus gemacht, die Möwen anzubellen. Ganze Morgen und Nachmittage lang hast du sie angebellt. Tu mir jetzt den Gefallen und belle sie an.«

Aber Rontu schaute ihnen nicht mehr nach. Langsam kam er zu mir her und brach vor meinen Füßen zusammen. Ich legte ihm die Hand auf die Brust. Ich konnte seinen Herzschlag spüren, doch das Herz schlug nur zweimal, stockend, laut und hohl wie die Wellen in der Bucht und dann nicht mehr.

»Rontu«, weinte ich, »oh, Rontu!«

Ich begrub ihn auf der Bergkuppe. Ich grub ein Loch in einer Felsspalte. Zwei Tage lang, vom frühen Morgen bis zum Sonnenuntergang, grub und scharrte und schaufelte ich sein Grab. Dann legte ich ihn hinein, zusammen mit einem Korb voll Sandblumen und einem Stock, dem er so gerne nachgerannt war, wenn ich ihn fortschleuderte, und darüber streute ich Kieselsteine in vielen Farben, die ich an der Küste gesammelt hatte.

26

In diesem Winter ging ich kein einziges Mal zum Riff. Ich lebte von meinen Vorräten und verließ das Haus nur um an der Quelle frisches Wasser zu holen. Es war ein Winter mit stürmischen Winden und Regen und wildem Wasser, das an den Klippen zerschellte, so dass ich ohnehin nicht oft ausgegangen wäre, selbst wenn Rontu noch gelebt hätte. Ich vertrieb mir die Zeit, indem ich aus gekerbten Zweigen vier Schlingen herstellte.

Einmal, im Sommer, als ich den Ort aufsuchte, wo die See-Elefanten lebten, hatte ich einen jungen Hund gesehen, der Rontu glich. Er lief mit einem der beiden wilden Rudel, und obgleich ich nur einen Blick auf ihn erhaschen konnte, wusste ich bestimmt, dass er Rontus Sohn war.

Er war größer als die anderen Hunde und hatte ein dickeres Fell und seine Augen waren gelb und er lief auf die gleiche geschmeidige Art wie Rontu. Im Frühling wollte ich ihn mit den Schlingen, die ich angefertigt hatte, fangen.

Die wilden Hunde kamen nun wieder häufig auf das Hochland, nachdem Rontu gestorben war, und als die schlimmsten Stürme nachließen, legte ich die Schlingen vor den Zaun, mit Fischen als Lockspeise. Schon das erste Mal fing ich mehrere Hunde, aber der Hund mit den gelben Augen befand sich nicht darunter, und da ich nicht wagte mich mit den gefangenen Tieren zu befassen, musste ich sie wohl oder übel wieder laufen lassen.

Ich fertigte weitere Schlingen an und setzte auch diese. Die wilden Hunde kamen wieder, doch sie rührten die Fische nicht an. Ich fing nur eine kleine rote Füchsin. Sie biss mich, als ich sie aus der Schlinge befreite, überwand jedoch bald ihre Scheu und lief mir, um Abalone bettelnd, auf Schritt und Tritt nach. Sie war eine abgefeimte Diebin. Wann immer ich mich vom Hause entfernte, machte sie sich an meine Vorräte heran; wie gut ich diese auch verstecken mochte, sie fand stets Mittel und Wege um zu ihrem

Ziel zu gelangen. Schließlich brachte ich sie in die Schlucht zurück. Das hinderte sie jedoch nicht in den Nächten um mein Haus zu streichen und am Zaun zu kratzen, damit ich ihr Futter brächte. Ich konnte den jungen Hund nicht mit einer Schlinge fangen und wollte meinen Plan gerade aufgeben, als mir das Toluache-Kraut einfiel, mit welchem wir bisweilen in den Tümpeln fischten. Es war eigentlich kein Gift, aber wenn man es ins Wasser streute, drehten sich die Fische auf den Rücken und ließen sich treiben. Ich erinnerte mich an dieses Kraut und fand auch welches an einer bestimmten Stelle am anderen Ende der Insel. Ich brach es in kleine Stücke, die ich in den Bach warf, wo die wilden Hunde zu trinken pflegten. Ich wartete einen ganzen Tag. Am Abend kam das Rudel an den Bach. Es trank, bis jeder Hund seinen Durst gestillt hatte, doch es geschah nichts, oder nicht viel. Die Hunde tollten eine Zeit lang umher, während ich sie vom Gestrüpp aus beobachtete; dann trotteten sie davon.

Nun kam mir ein anderes Betäubungsmittel in den Sinn. Xuchal, das einige Männer unseres Stammes benutzten und das aus zerkleinerten Meermuscheln und wildem Tabak hergestellt wird. Ich bereitete davon eine große Schale voll zu, indem ich das Pulver mit Wasser mischte, und leerte es in die Bachtränke. Darauf versteckte ich mich im Gestrüpp und wartete.

Die Hunde kamen, als die Sonne unterging. Sie schnupperten am Wasser, wichen zurück, schauten einander an; endlich begannen sie zu trinken. Bald darauf sah ich, wie sie im Kreise umherliefen. Und plötzlich legten sich alle nieder und schliefen ein.

Es waren neun Hunde, die da schlafend am Bach lagen. In dem schwachen Licht konnte ich sie kaum voneinander unterscheiden, doch nach einer Weile fand ich den, den ich mitnehmen wollte. Er schnarchte, als hätte er eben eine große Mahlzeit verzehrt. Ich hob ihn auf und lief, so schnell ich konnte, der Klippe entlang nach Haus, voll Angst, er könnte unterwegs aufwachen. Ich zog ihn durch das Loch unterm Zaun, band ihn an einen Pfahl und stellte Futter und frisches Wasser vor ihn hin. Nicht lange danach stand er schon wieder auf den Füßen und kaute an dem Riemen, mit welchem ich ihn festgebunden hatte. Er heulte und lief auf dem Platz hin und her, während ich mein Essen kochte. Er heulte die ganze Nacht, doch in der Frühe, als ich das Haus verließ, schlief er fest.

Während er dort am Zaun lag und schlief, dachte ich mir verschiedene Namen für ihn aus. Ich versuchte es zuerst mit diesem, dann mit jenem, indem ich jeden laut vor mich hersagte. Da er seinem Vater so ähnlich sah, nannte ich ihn schließlich »Rontuaru«, das heißt Sohn des Rontu.

Nach kurzer Zeit waren wir Freunde. Er war nicht so groß wie Rontu, aber er hatte das dicke Fell seines Vaters und dessen gelbe Augen geerbt. Oft, wenn ich sah, wie er die Möwen von der Landzunge verjagte oder die Otter vom Riff herab anbellte, vergaß ich, dass er nicht Rontu war.

Wir verbrachten viele glückliche Tage in jenem Sommer, wir fischten oder wir fuhren in unserem Kanu zum Hohen Felsen, aber ich dachte jetzt mehr und mehr an Tutok und an meine Schwester Ulape. Manchmal hörte ich ihre Stimmen im Wind oder, wenn ich auf dem Meer war, in den Wellen, die sachte an mein Kanu stießen.

27

Auf die heftigen Winterstürme folgten viele Tage, an denen kein Wind mehr wehte. Die Luft war so drückend, dass man kaum atmen konnte, und die Sonne brannte so heiß, dass das Meer selbst eine Sonne wurde und einen blendete, wenn man hinschaute.

An dem letzten dieser heißen Tage holte ich das Kanu aus der Höhle und paddelte um das Riff zur Landzunge. Rontu-aru nahm ich nicht mit, denn er hasste die Hitze, wie er die Kälte liebte. Ein Glück, dass er nicht mitkam. Es war der heißeste Tag, den ich je erlebt hatte, und das Meer glühte rot. Über meinen Augen trug ich Schilder aus Holz mit kleinen Schlitzen, durch die ich hinausschauen konnte. Keine Möwen flatterten am Himmel, die Otter lagen reglos im Salzkraut und die kleinen Krabben hatten sich in ihre Löcher verkrochen.

Ich zog das Kanu an den Strand. Der Strand war feucht, aber er dampfte an der Sonne. Zu Beginn jedes Frühjahrs brachte ich das Kanu an die Landzunge und goss frisches Pech in die Fugen zwischen die Planken.

Ich arbeitete den ganzen Morgen. Von Zeit zu Zeit hielt ich inne um mich im Meer abzukühlen. Als die Sonne höher stieg, drehte ich das Kanu um, kroch darunter und schlief in seinem Schatten ein.

Ich hatte noch nicht lange geschlafen, als ich plötzlich von einem dumpfen Grollen, das ich für Donner hielt, geweckt wurde. Ich blinzelte unter dem Kanu hervor, sah jedoch keine Wolke am Himmel. Und doch dröhnte es weiter. Es kam aus der Ferne aus dem Süden, und noch während ich lauschte, wurde es stärker. Ich sprang auf. Das Erste, was mir in die Augen fiel, war ein glänzender Streifen am südlichen Abhang der Landzunge. In meinem ganzen Leben auf der Insel hatte ich noch nie eine so niedrige Ebbe gesehen. Felsblöcke und kleine Riffe, die ich nie unter Wasser vermutet hätte, standen kahl in der blendenden Helle. Es sah ganz fremd aus. Ich war eingeschlafen und auf einer anderen Insel wieder aufgewacht.

Mit einem Male war die Luft um mich her dicht geworden. Ich hörte einen leisen, ziehenden Laut, als saugte ein riesiges Tier nach und nach die ganze Luft durch die Zähne. Das Dröhnen kam näher aus einem blanken Himmel und erfüllte meine Ohren. Und dann sah ich jenseits des funkelnden Sandstreifens und der kahlen Felsen und Riffe, mehr als eine Meile weit dahinter, einen ungeheuren weißen Gischtkranz, der sich auf die Insel zubewegte.

Er schien langsam zwischen dem Meer und dem Himmel daherzukommen, doch es war das Meer selbst. Ich riss die Schilder von meinen Augen herunter. Voll Entsetzen rannte ich über die Landzunge. Ich rannte und stolperte und richtete mich wieder auf und rannte weiter. Der Sand erschauerte unter meinen Füßen, als die erste Woge aufprallte. Ein Sprühregen fiel über mich. Es regnete Salzkrautfetzen und kleine Fische.

Wenn ich der Biegung der Landzunge folgte, konnte ich die Bucht und den Pfad, der zur Mesa hinaufführte, erreichen, doch dazu blieb mir keine Zeit. Um meine Knie toste schon das Wasser und zerrte mich nach allen Seiten. Vor mir erhob sich die Klippe und trotz der glitschigen Moosflächen fand ich einen Halt am Felsen, erst für eine Hand, dann für einen Fuß. Und so zog ich mich Stück um Stück an der Klippe empor.

Der Gischtkranz donnerte unter mir vorbei auf die Korallenbucht zu. Eine Weile lang blieb alles still. Dann begann das Meer sich in langen, schäumenden Strömen an seinen alten Platz zurückzuziehen. Doch ehe es dazu kam, tauchte im Süden eine neue Wasserwand auf. Sie war vielleicht noch größer als die erste. Ich schaute empor. Die Klippe ragte senkrecht über mir in den Himmel. Höher konnte ich nicht klettern. Ich stand mit dem Gesicht zur Felswand, einen Fuß auf einem schmalen Vorsprung, eine Hand tief in eine Ritze verkrallt. Über meine Schulter hinweg konnte ich die Woge kommen sehen. Sie bewegte sich nicht schnell, denn die erste brandete immer noch zurück, der zweiten entgegen. Eine Zeit lang dachte ich, sie würde die Insel überhaupt nicht erreichen, weil die beiden jenseits der Landzunge plötzlich aufeinander prallten.

Wie zwei Riesen krachten sie aufeinander. Sie bäumten sich hoch auf und neigten sich erst nach der einen, dann nach der anderen Seite. Es gab ein Getöse wie von berstenden Riesenspeeren und der rote Schein der Sonne verwandelte die stiebende Gischt in Blut.

Allmählich gewann die zweite Woge die Oberhand. Sie schob die erste vor sich her, rollte über sie hinweg und schleppte sie wie einen besiegten Gegner mit, als sie die Insel anfiel.

Die Woge prallte an die Klippe. Lange, gierige Zungen schnellten über die Felswand, so dass ich weder sehen noch hören konnte. Die Wasserzungen drangen in alle Ritzen und Fugen, sie zerrten an meiner Hand und an meinem nackten Fuß, der sich an den Felsvorsprung klammerte. Sie brandeten über meinen Kopf hinweg die steile Wand empor, höher, immer höher, bis ihre Spitzen im Leeren zerbarsten und zischend an mir vorbei hinunterstürzten in das brodelnde Wasser, das jetzt über die Insel brauste.

Plötzlich erstarb der Lärm. In der Stille konnte ich mein Herz pochen hören. Ich sah, dass meine Hand sich immer noch am Felsen festhielt, und ich wusste, dass ich lebte.

Es wurde Nacht, und obgleich ich nicht den Mut hatte die Klippe zu verlassen, sah ich ein, dass ich nicht bis zum Morgen hier bleiben konnte. Ich würde einschlafen und hinunterstürzen. Ich würde auch den Weg nach Hause nicht finden. So kletterte ich von meinem Felsvorsprung herunter und kauerte am Fuß der Klippe nieder.

Der neue Tag war windstill und heiß. Auf der Landzunge türmten sich Hügel von Salzkraut. Tote Fische und Austern und rosarote Krabben lagen überall umher und an den felsigen Wänden der Bucht waren zwei kleine Walfische gestrandet. Auf dem ganzen Pfad bis hinauf zur Mesa fand ich totes Seegetier.

Rontu-aru stand wartend am Zaun. Als ich auf der anderen Seite aus dem kleinen Tunnel kroch, fiel er jaulend über mich her und wich mir nicht mehr von der Seite.

Ich war glücklich wieder zu Hause zu sein hier oben auf dem Berg, wo die Sturmflut keinen Schaden angerichtet hatte. Ich war nur von einer Sonne auf die andere fortgeblieben und doch schienen es viele Sonnen gewesen zu sein, wie damals, als ich im Kanu fortgefahren war.

Ich schlief den größten Teil des Tages, aber ich hatte viele Träume, und als ich erwachte, war alles um mich her seltsam verändert. Das Meer lag lautlos da. Die Möwen schwiegen. Die Erde schien den Atem anzuhalten, als wartete sie darauf, dass etwas Schreckliches geschehe. Am Abend kehrte ich, einen Korb voll Wasser auf der Schulter, von der Quelle zurück. Ich nahm den Weg über die Klippe mit Rontu-aru, der mich nicht aus den Augen ließ. Der Ozean lag, so weit ich sehen konnte, glatt und gelb da. Er schmiegte sich an die Insel wie ein sehr müdes, großes Tier. Die Möwen schwiegen noch immer; sie hockten wie betäubt auf den Rändern ihrer Felsennester.

Dann begann sich die Erde langsam zu bewegen. Sie rutschte mir unter den Füßen weg und für einen kurzen Augenblick schien ich in der Luft zu stehen. Wasser schwappte aus dem Korb und rieselte mir über das Gesicht. Dann fiel der Korb zu Boden. Ohne zu wissen was ich tat, im törichten Glauben, eine neue Wasserwoge stürze auf mich zu, begann ich zu laufen. Es *war* eine Woge, aber sie kam nicht vom Wasser, sie kam aus der Erde und sie rollte unter mir die Klippen entlang.

Im Laufen wurde ich von einer zweiten Welle erfasst. Als ich mich umschaute, sah ich hinter mir noch viele andere daherrollen. Sie kamen aus dem Süden und wälzten sich heran wie Wellen auf dem Meer.

Das Nächste, woran ich mich erinnere, ist, dass ich neben Rontu-aru am Boden lag und dass wir beide versuchten wieder auf die Füße zu kommen. Dann rannten wir weiter auf die Anhöhe zu, unserem Haus entgegen, das sich unaufhaltsam von uns fortbewegte. Der Tunnel unter dem Zaun war eingestürzt und ich musste zuerst die Steine wegräumen, ehe wir hindurchkriechen konnten. Die Nacht brach herein, doch die Erde hob und senkte sich noch immer wie ein schwer atmendes Tier. Ich hörte das Poltern der Felsbrocken, die von der Klippe herab ins Meer stürzten. Die ganze Nacht, da wir in unserem Haus lagen, bebte die Erde und polterten die stürzenden Felsen, aber der Felsblock auf der Bergkuppe fiel nicht herunter; und doch wäre auch er ins Meer gestürzt, wenn die, welche die Welt beben machen, uns wirklich gezürnt hätten.

Am nächsten Morgen war die Erde wieder ruhig wie zuvor und ein frischer Wind, der nach Salzkraut roch, wehte vom Meer im Norden.

28

Das Erdbeben verursachte geringen Schaden. Selbst die Quelle, die für einige Tage versiegte, begann wieder zu fließen; das Wasser floss sogar üppiger denn je. Aber die Sturmwogen hatten alle meine Vorräte und Waffen, die in der Höhle eingelagert waren, vernichtet, ebenso das Kanu, das mich so viel Arbeit gekostet hatte, und die Kanus unterhalb der südlichen Klippen. Die Kanus waren der größte Verlust. Ich hätte einen ganzen Frühling und einen ganzen Sommer lang suchen müssen um genügend Holz für ein neues

Kanu zu finden. Ich machte mich daher am ersten schönen Morgen auf den Weg zur Küste, wo vielleicht irgendwelche angeschwemmten Trümmer umherlagen, die ich verwenden konnte.

Zwischen den Felsbrocken am Fuße der südlichen Klippen fand ich, von Sand und Salzkrautflechten halb zugedeckt, das Wrack eines Kanus. Ich grub es aus, wozu ich einen ganzen Morgen brauchte, und säuberte es vom Schmutz; danach aber wusste ich nicht mehr weiter. Ich konnte die Sehnen entzweischneiden und die Planken auf dem Rücken die Klippen hinauftragen, je zwei aufs Mal, und von dort über die Dünen in die Korallenbucht. Das würde viele Tage beanspruchen. Oder ich konnte das Kanu hier auf dem Felsen bauen, auf die Gefahr hin, dass ein neuer Sturm es fortschwemmte, ehe ich mit der Arbeit fertig war.

Zum Schluss tat ich weder das eine noch das andere. Ich wartete einen Tag ab, da das Meer ruhig war, dann stieß ich das Wrack auf dem Wasser vor mir her um die Landzunge und in die Bucht. Dort nahm ich es auseinander. Die Planken trug ich den Pfad hinauf bis zu der Stelle, die von den großen Wellen nicht mehr erreicht worden war.

Ich entdeckte auch die Überreste meines eigenen Kanus. Es war weit in die Höhle hineingeschwemmt worden und ich konnte die Trümmer nicht herausschaffen. Ich kehrte daher zu den südlichen Klippen zurück, wo ich in den Salzkrauthaufen wühlte, bis ich, das Wrack in der Bucht miteingerechnet, genügend

Holz beisammen hatte um mit dem Bau eines neuen Kanus zu beginnen.

Der Frühling war schon merklich fortgeschritten, doch das Wetter blieb unbeständig. Fast jeden Tag fiel ein leichter Regen. Trotzdem machte ich mich ans Werk, denn ich brauchte ein Kanu um frische Muscheln von den Riffen zu holen. An die Aleüter dachte ich, wie gesagt, nicht mehr, aber solange ich kein Kanu besaß, mit dem ich jederzeit überall hinfahren konnte, fühlte ich mich unbehaglich.

Die Planken hatten alle ungefähr die gleiche Länge, das heißt die Länge meines Arms, sie stammten jedoch von verschiedenen Kanus und ließen sich daher nicht leicht aneinander fügen. Die Löcher waren zumindest schon vorhanden, so dass ich mir die langwierige Bohrarbeit ersparen konnte. Eine weitere Hilfe bedeuteten die langen, schwarzen Pechschnüre, die von den großen Wellen an Land gespült worden waren. Es gab sonst nicht viele Stellen auf der Insel, wo ich das Pech, das ich benötigte, gefunden hätte.

Nachdem ich die Planken sortiert und zurechtgeschnitten hatte, ging mir die Arbeit rasch von der Hand und im Spätfrühling konnte ich mit dem Abdichten beginnen. An dem Morgen, als ich ein Feuer anzündete um das Pech über den Flammen zu erhitzen, ging ein starker, eisiger Wind und ich hatte große Mühe das Holz richtig in Brand zu stecken. Ich ging daher an den Strand hinunter und raffte einen Arm voll trockenen Seetangs zusammen, mit dem ich das Feuer schüren wollte.

Ehe ich mit meiner Last den Rückweg antrat, drehte ich mich noch einmal um und suchte den Himmel nach Wolken ab, denn der Wind fühlte sich an, als lauerte hinter ihm ein Sturm. Im Norden war es hell, aber im Osten, wo um diese Jahreszeit die Stürme heraufzuziehen pflegten, lagerten Schichten von grauen Wolkenbänken. In diesem Augenblick sah ich in den tiefen Schatten, welche die Wolken aufs Wasser warfen, noch etwas anderes. Ich vergaß, dass ich den Seetang trug. Ich warf die Arme hoch. Der Seetang fiel zu Boden.

Ein Segel, ein Schiff schwamm dort auf dem Meer, auf halbem Weg zwischen dem Horizont und der Insel.

Bis ich die Bergkuppe erreicht hatte, war das Schiff schon viel näher gekommen. Es kam schnell vorwärts im starken Wind. Ich sah, dass es nicht den spitzen, roten Bugschnabel des Alëuterschiffs hatte. Es sah auch nicht wie das Schiff der weißen Männer aus, an das ich mich deutlich erinnerte.

Warum kam es zur Insel der blauen Delphine?

Ich kauerte auf der Kuppe und fragte mich mit pochendem Herzen, ob die Männer wohl hierher segelten, um Otter zu fangen. Wenn es Jäger waren, musste ich mich verbergen, ehe sie mich erblickten. Sie würden mein Feuer und das Kanu, das ich baute, bald entdeckt haben; doch ich konnte immer noch in meine Höhle bei der Quelle laufen, wo ich vermutlich vor ihnen sicher war. Vielleicht aber hatten meine Leute sie ausgeschickt um mich zu holen und dann durfte ich mich nicht verstecken.

Das Schiff glitt langsam an den schwarzen Felsen vorbei in die Korallenbucht. Jetzt konnte ich die Männer sehen und es waren keine Alëuter.

Sie ließen ein Kanu an der Bordwand hinunter und dann paddelten zwei Männer auf den Strand zu. Der Wind wehte jetzt so stark, dass sie kaum landen konnten. Schließlich blieb einer der beiden im Kanu zurück, während der andere, der Mann ohne Bart, ins Wasser sprang, den Strand überquerte und den Pfad heraufkam.

Ich konnte ihn nicht sehen, nach einer Weile aber hörte ich ihn rufen, einmal, zweimal, und da wußte ich, dass er mein Feuer und das Kanu entdeckt hatte. Der Mann in der Bucht antwortete nicht, auch die Männer auf dem Schiff riefen nicht zurück, deshalb nahm ich an, dass er nach mir gerufen hatte.

Ich kroch vom Felsblock herunter und eilte nach Hause. Da meine Schultern nackt waren, warf ich mir den Umhang aus Otterfell über. Ich nahm meinen Kormoranrock und die Abaloneschachtel, in welcher ich meine Halskette und die Ohrringe aufbewahrte. So machte ich mich mit Rontu-aru auf den Weg in die Korallenbucht. Ich kam an der Wiese vorbei, wo meine Vorfahren bisweilen den Sommer verbracht hatten. Ich dachte an sie und an die glücklichen Zeiten, die nun hinter mir lagen, an die Tage und Nächte in meinem Haus auf dem Berg und an mein Kanu unten beim Pfad, das ich nun unvollendet zurücklassen würde. Ich dachte an viele Dinge; doch noch stärker war die Sehnsucht dort zu sein, wo Menschen lebten, ihre Stimmen und ihr Lachen zu hören.

Ich wanderte an dem Hügel vorbei, wo grünes Gras aus den weißen Muschelschalen spross. Und da ich den Mann nicht mehr rufen hörte, begann ich zu laufen. Als ich zu der Stelle kam, wo die beiden Pfade sich kreuzten und wo ich mein Feuer angezündet hatte, entdeckte ich Fußstapfen im Sand.

Ich folgte ihnen den Hang hinunter in die Bucht. Das Kanu war zum Schiff zurückgekehrt. Der Wind pfiff jetzt schrill, Nebelfetzen wehten in den Hafen und die Wellen schoben sich immer höher an die Küste heran. Ich winkte mit der Hand und rief. Ich rief und rief, aber der Wind trug meine Stimme fort. Ich lief über den Strand und watete ins Meer. Die Männer sahen mich nicht.

Es begann zu regnen und der Wind peitschte mir die Regentropfen ins Gesicht. Ich watete weit hinaus in das aufgewühlte Wasser und streckte die Arme nach dem Schiff aus. Es fuhr langsam durch die Nebelschwaden davon. Es fuhr nach Süden. Ich stand dort, bis es meinen Blicken entschwand.

29

Noch zweimal wurde es danach wieder Frühling und an einem Morgen voll weißer Wölkchen und harmlos plätschernder Wellen kam das Schiff zurück. In der Frühe sah ich es von der Bergkuppe aus, weit draußen am Horizont. Als die Sonne über mir stand, lag es in der Korallenbucht vor Anker.

Ich beobachtete es von der Bergkuppe aus, bis die Sonne unterging, während die Männer am Strand ihre Zelte aufschlugen und ein Feuer anzündeten. Dann kehrte ich in mein Haus zurück. Ich lag die ganze Nacht wach und dachte an den Mann, der damals nach mir gerufen hatte.

Seit langem schon dachte ich an seine rufende Stimme, seit dem stürmischen Abend, als das Schiff davongesegelt war. Zu jeder Jahreszeit war ich täglich auf den hohen Felsen geklettert und hatte aufs Meer hinausgeschaut, jeden Morgen und jeden Abend.

Als es draußen hell wurde, roch ich den Rauch ihres Feuers. Ich ging in die Schlucht und badete im Bach und zog meinen Rock aus Kormoranfedern und meinen Otterpelz an. Ich hängte mir die Kette aus schwarzen Steinen um den Hals und steckte mir die schwarzen Ohrringe an. Mit blauem Lehm malte ich das Zeichen meines Stammes auf meine Nase.

Darauf tat ich etwas, worüber ich selbst lachen musste. Ich tat, was meine ältere Schwester Ulape getan hatte, als sie die Insel der blauen Delphine verließ.

Unter das Zeichen unseres Stammes malte ich das Zeichen, das bedeutete, dass ich noch unverheiratet war. Ich war kein junges Mädchen mehr, aber ich tat es trotzdem, mit blauem Lehm und mit weißem Lehm für die Tupfen. Dann ging ich ins Haus zurück und machte ein Feuer und kochte für Rontu-aru und mich. Ich war nicht hungrig und er verschlang mein Essen und das seine dazu.

»Wir gehen fort«, sagte ich zu ihm, »wir gehen fort von unserer Insel.«

Aber Rontu-aru legte bloß den Kopf von einer Seite auf die andere, wie sein Vater es oft getan hatte, und als ich nichts mehr sagte, trottete er vors Haus an die Sonne, legte sich nieder und schlief ein.

Nun, da die weißen Männer zurückgekommen waren, konnte ich mir nicht vorstellen, wie es weitergehen sollte, was ich tun würde, wenn ich übers Meer fuhr, oder was für Menschen die weißen Männer waren und was sie dort in ihrem Land im Osten taten, oder wie es sein würde, wenn ich meine Leute, die vor so vielen Sommern fortgegangen waren, wieder sah. Ich konnte mir kein Bild mehr von ihnen machen, wenn ich zurückschaute und an alle die Sommer und Winter und Frühlingsmonde dachte, die seither vergangen waren. Ich konnte sie im Geiste nicht mehr voneinander unterscheiden. Sie waren alle nur noch das eine, ein würgendes Gefühl in meiner Brust, nichts weiter.

Der Morgen strahlte von Sonne. Der Wind roch nach Meer und nach den Wesen, die im Meer leben.

Lange ehe die Männer das Haus auf dem Berg entdeckten, sah ich sie weit drüben auf den Dünen im Süden. Es waren drei, zwei große Männer und einer von kurzer Gestalt, der ein langes graues Kleid trug. Sie kamen von den Dünen her über die Klippe, und als sie den Rauch des Feuers, das ich brennen ließ, erblickten, folgten sie ihm bis zu meinem Haus.

Ich kroch durch den Tunnel unter dem Zaun und blieb vor ihnen stehen. Der Mann im grauen Kleid trug eine Perlenschnur um den Hals und am Ende der Schnur hing eine Schnitzerei aus blankgeriebenem Holz. Er hob die Hand und machte ein Zeichen über mich in der Form des geschnitzten Holzstückes, das er trug. Dann sprach einer der beiden Männer, die hinter ihm standen, ein paar Worte zu mir. Die Worte machten das seltsamste Geräusch, das ich je gehört hatte. Ich hatte große Lust zu lachen, aber ich biss mir auf die Zunge.

Ich schüttelte den Kopf und lächelte ihn an. Er sprach wieder, sehr langsam diesmal, und obgleich seine Worte immer noch seltsam klangen und ohne Sinn für mich, fand ich sie jetzt schön. Sie waren die Laute einer menschlichen Stimme. Auf der ganzen Welt gibt es keinen Laut wie diesen.

Der Mann deutete mit der Hand auf die Bucht und malte in der Luft ein Bild, das wohl ein Schiff darstellen sollte.

Ich nickte dazu und deutete nun mit meiner Hand auf die drei Körbe, die ich neben dem Feuer bereitgestellt hatte, wobei ich tat, als nähme ich sie mit auf das Schiff, zusammen mit dem Käfig, in welchem wieder zwei junge Vögel hausten.

Es wurde noch viel gedeutet, ehe wir uns auf den Weg machten. Dann und wann redeten die beiden Männer miteinander. Sie fanden Gefallen an meiner Halskette, am Otterpelz und am Rock aus Kormoranfedern, die in der Sonne glänzten. Als wir jedoch in die Bucht kamen, wo sie ihre Zelte aufgeschlagen hatten, war das Erste, was geschah, dass der Mann, der am meisten sprach, die anderen Männer anwies mir ein Kleid zu nähen.

Ich wusste, dass es so war, weil einer der Männer vor mich hintrat und eine Schnur an mich hielt, erst von meinem Hals bis zu meinen Füßen, dann von einer Schulter zur anderen.

Das Kleid war blau. Der Mann, der es nähte, schnitt es aus zwei Hosen, wie die weißen Männer sie trugen. Er schnitt sie in Stücke, dann setzte er sich auf einen Stein und nähte sie mit weißen Schnüren wieder zusammen.

Er hatte eine lange Nase; sie sah aus wie die Nadel in seiner Hand. Den ganzen Nachmittag saß er auf dem Stein und die Nadel lief hin und her, ein und aus und glitzerte in der Sonne.

Von Zeit zu Zeit hielt er das Kleid empor und nickte mit dem Kopf, als freue er sich über sein Werk. Ich nickte, als freute auch ich mich darüber, aber das stimmte nicht. Ich wollte mein Kormorankleid und meinen Otterpelz tragen, denn sie waren viel schöner als das Ding, das er nähte.

Das Kleid reichte mir vom Hals bis zu den Füßen und ich mochte es nicht. Ich mochte weder seine Farbe noch die Art, wie es kratzte. Außerdem war es heiß. Aber ich lächelte und legte mein Kormorankleid in einen der Körbe. Ich würde es später wieder anziehen, wenn ich übers Meer gefahren war und die Männer sich nicht in der Nähe befanden.

Das Schiff blieb neun Tage in der Korallenbucht. Die Männer waren der Otter wegen hergekommen, doch die Otter waren verschwunden. Einige von denen, die sich an die Aleuter erinnerten, mussten trotz allem übrig geblieben sein, denn in dieser ganzen Zeit ließ sich die Herde nicht blicken.

Ich wusste, wohin sie sich geflüchtet hatte. Sie war zum Hohen Felsen geschwommen, aber als mir die Männer die Waffen zeigten, mit denen sie die Otter töten wollten, schüttelte ich den Kopf und tat, als hätte ich nicht verstanden. Sie deuteten auf meinen Umhang aus Otterfell, doch ich schüttelte weiter den Kopf.

Einmal fragte ich sie nach dem Schiff, das vor vielen Jahren meine Leute weggebracht hatte. Ich zeichnete ein Schiff in der Luft und deutete nach Osten, aber sie verstanden nicht, was ich meinte. Erst viel später, als ich in die Santa-Barbara-Mission kam und Pater Gonzales kennen lernte, erfuhr ich von ihm, dass das Schiff in einem großen Sturm gesunken war, bald nachdem es sein Heimatland erreicht hatte, und dass es auf dem ganzen Ozean in jener Gegend kein anderes dieser Art gab. Aus diesem Grunde waren die weißen Männer nicht zurückgekommen um mich zu holen.

Wir segelten am zehnten Tag. Der Morgen war klar und windstill. Wir fuhren geradewegs der Sonne entgegen. Lange stand ich auf dem Deck und schaute zurück zur Insel der blauen Delphine. Das Letzte, was ich davon sah, war die Bergkuppe. Ich dachte an Rontu, der dort unter den farbigen Steinen lag, und an Won-a-nee, wo immer sie sein mochte, und an die kleine rote Füchsin, die nun vergeblich an meinem Zaun scharren würde, und an mein Kanu in seinem Höhlenversteck und an alle vergangenen glücklichen Tage. Delphine tauchten aus dem Meer und schwammen dem Schiff voran. Sie schwammen viele Meilen weit durch das glitzernde Wasser, ihre fröhlichen schäumenden Muster webend. Die kleinen Vögel zwitscherten in ihrem Käfig und Rontu-aru saß neben mir.

Nachwort des Verfassers

Die Insel, in diesem Buch »Insel der blauen Delphine« genannt, wurde um das Jahr 2000 v. Chr. von Indianern entdeckt, die sich als Erste dort ansiedelten. Den Weißen blieb sie bis 1602 unbekannt.

In jenem Jahr brach der spanische Forscher Sebastian Vizcaino aus Mexiko auf um einen Hafen zu suchen, in dem die Schatzsegler von den Philippinen bei stürmischem Wetter eine Zuflucht finden konnten. Auf seiner Fahrt entlang der kalifornischen Küste sichtete er die Insel, schickte ein kleines Boot an Land und weihte seine Entdeckung dem Schutzpatron der Seeleute, Reisenden und Händler, indem er ihr den Namen La Isla de San Nicolas gab.

Im Laufe der Jahrhunderte ging Kalifornien von spanischem in mexikanischen Besitz über, dann kamen die Amerikaner, doch nur selten verirrte sich ein weißer Jäger auf die Insel. Ihre indianischen Bewohner blieben von der Welt abgeschnitten.

Das Robinson-Crusoe-Mädchen, dessen Geschichte ich nachzuerzählen versucht habe, lebte tatsächlich von 1835 bis 1853 allein auf dieser Insel und hat als »die Verschollene von San Nicolas« historische Berühmtheit erlangt.

Über ihr Leben ist wenig Bestimmtes zu erfahren. Wir wissen nach den Berichten von Kapitän Hubbard, dessen Segelschoner die Indianer von Ghalas-at wegbrachte, dass das Mädchen ins Meer sprang, obgleich man es daran hindern wollte. Dem Nachlass von Kapitän Nidever entnehmen wir ferner, dass er die Indianerin achtzehn Jahre später auf der Insel fand. Sie lebte allein mit einem Hund in einer roh gezimmerten Hütte und sie trug einen Rock aus Kormoranfedern.

Pater Gonzales von der Santa-Barbara-Mission, der sich nach ihrer Rettung mit ihr befreundete, brachte allmählich aus ihr heraus, dass ihr Bruder von den wilden Hunden umgebracht worden war. Viel mehr erfuhr er nicht, denn sie konnte sich nur durch Zeichen verständlich machen; weder er noch die vielen Indianer in der Missionsstation verstanden ihre seltsame Sprache. Die Indianer von Ghalas-at waren längst nicht mehr am Leben.

»Die Verschollene von San Nicolas« liegt auf einem Hügel in der Nähe der Santa-Barbara-Mission begraben. Ihren Rock aus grünen Kormoranfedern schickte man nach Rom.

San Nicolas ist die äußerste der acht Kanalinseln, rund fünfundsiebzig Meilen südwestlich von Los Angeles. Jahrzehntelang hatten die Geschichtsforscher vermutet, sie sei um 1400 n. Chr. besiedelt worden; die jüngsten Ausgrabungen auf der Insel haben jedoch den Beweis erbracht, dass lange vor der christlichen Ära indianische Jäger aus dem Norden sich hier niederließen. Ihre Darstellungen von Geschöpfen des Landes, des Meeres und der Luft, den Bildern ähnlich, die an der Küste von Alaska entdeckt wurden und die eine ungewöhnliche Begabung verraten, sind im Southwest-Museum zu Los Angeles ausgestellt.

Die Zukunft der San-Nicolas-Insel ist ungewiss. Heute dient sie der amerikanischen Flotte als Geheimbasis, aber die Wissenschaftler rechnen damit, dass sie eines Tages dem Druck der endlos anstürmenden Wellen und Winde nachgeben und ins Meer versinken wird.

Ich danke Maud und Delos Lovelace, Bernice Eastman Johnson vom Southwest-Museum und Fletcher Carr, vormals Kurator am Museum of Man, San Diego, mit deren freundschaftlicher Hilfe dieses Buch zu Stande kam.